Amicalement !

DE STOCKHOLM À VERBIER.
UNE VIE POUR LA MUSIQUE.

Citation p. 13 : © éditions Gallimard

ISBN 978-2-330-17945-8

MARTIN T:SON ENGSTROEM

De Stockholm à Verbier

Une vie pour la musique

Entretiens avec Bertrand Dermoncourt

Avant-propos
par Rodion Chtchedrine

ACTES SUD

AVANT-PROPOS

PAR RODION CHTCHEDRINE

Verbier aura beaucoup compté dans ma vie. Je suis venu pour la première fois au festival en 1997. J'en avais bien sûr déjà entendu parler, mais un concert de Maxim Vengerov, où il interprétait mon concerto pour violon[1], a été le prétexte pour que je m'y rende avec mon épouse Maïa Plissetskaïa[2]. Ça a été un enchantement, dès le premier instant. D'abord à cause des montagnes, de la nature, de l'air, de la vue. Vingt-cinq ans plus tard, je n'en suis absolument pas lassé. Au contraire, séjourner à Verbier est devenu un besoin vital. Ensuite à cause du concept du festival : sont présents les plus grands solistes, des orchestres, des professeurs, comme s'il n'existait qu'une grande et belle famille autour de la musique. Il n'y a jamais rien d'académique, d'apprêté, d'affecté. Je n'ai jamais retrouvé une telle ambiance ailleurs. Les programmes sont également, je dirais, frais et originaux. Où, à part à Verbier, a-t-on pu entendre les vingt-quatre *Préludes* de Chopin interprétés à la suite par… vingt-quatre musiciennes différentes ? Ce n'est qu'un exemple parmi des dizaines d'autres. Je pourrais citer d'autres moments plus personnels, mais sans doute moins réussis musicalement, comme cette soirée où je me suis retrouvé à jouer Rachmaninov à six mains avec Evgeny Kissin et Daniil Trifonov ! Un grand souvenir et une grande fierté pour moi, quoi qu'il en soit…

1. *Concerto cantabile*, pour violon et orchestre à cordes.
2. Maïa Plissetskaïa (1925-2015). La grande danseuse du Bolchoï de Moscou s'est mariée avec Rodion Chtchedrine en 1958. Elle a chorégraphié plusieurs ballets du compositeur, dont *Anna Karénine* et *La Dame au petit chien*.

Enfin, évidemment, il faut dire que cette atmosphère unique, cette harmonie incomparable n'existeraient pas sans la personnalité de Martin Engstroem. C'est lui qui a eu l'idée de tout cela et c'est surtout lui qui fait le lien, un lien avant tout amical, entre tous les artistes présents. Martin possède un véritable don pour regrouper des gens intéressants et faire en sorte que tout se passe bien. Il sait aussi découvrir aujourd'hui les talents de demain. C'est un génie de l'organisation – un génie, oui, je ne trouve pas d'autre mot. En outre, sa sensibilité humaine est immense. On le dit parfois timide ou réservé. C'est faux ! Il est surtout très chaleureux. Voilà quelqu'un à l'aise avec tout le monde, du plus jeune stagiaire à la plus grande star. Lui-même, avec l'âge qui arrive, ressemble de plus en plus à une star du cinéma – c'est un compliment –, mais a su rester tel qu'il est, vrai, authentique. Il n'y a qu'à voir la qualité des relations qu'il entretient avec sa famille et ses enfants : c'est si rare ! Martin n'est pas seulement chaleureux, mais aussi très fiable et très fidèle.

Les discours qu'il donne après chaque concert sont la preuve de tout ce que je viens d'énoncer : ils sont sympathiques, intelligents, drôles, humains, justes. Martin n'oublie jamais personne et trouve toujours le ton adéquat pour dire les choses. Je suis fier de le connaître. D'être son ami. Heureux de lui avoir dédié l'une de mes pièces, *Romantic Duets*[1]. Alors qu'on me demande de témoigner sur lui à l'occasion de ses soixante-dix ans, des trente ans du Verbier Festival et de la parution de ce livre, je m'interroge. D'où vient son charisme, son véritable pouvoir d'attraction ? Est-ce inné ? Ou bien dû à son parcours personnel, riche de succès aussi bien que de drames ? À l'histoire de sa famille ? Je n'éclairerai pas ce mystère. Peut-être que les pages qui suivent contribueront à le faire. Quoi qu'il en soit, je suis certain qu'elles feront découvrir cet homme exceptionnel sous un angle totalement inédit, dans toute la richesse et la complexité de sa vie.

1. Ensemble de sept pièces pour piano à quatre mains, composé en 2007 et édité en 2012.

À mes quatre enfants, Sebastian, Jennie, Rania et Hannah, pour répondre aux questions qu'ils ne m'ont jamais posées.

Pour que le possible se réalise, il faut essayer l'impossible, encore et encore.

Hermann Hesse

I

CARTE D'IDENTITÉ

La vie a exactement la valeur qu'on lui attribue.

Laterna Magica,
INGMAR BERGMAN

Martin Engstroem, vous êtes né à Stockholm en 1953, d'un père Suédois et d'une mère d'origine allemande. Quelle a été votre langue maternelle ?
Ce n'est pas une question facile ! J'ai passé mon enfance en Suède, et donc le suédois a été ma première langue. Mais comme, très jeune, je me suis mis à beaucoup voyager, j'ai tôt fait de parler d'autres langues et je me suis rendu compte que le suédois avait un vocabulaire… limité. L'anglais, par exemple, possède presque trois fois plus de mots. 170 000 pour l'anglais, 70 000 pour le suédois. Cela fait une différence ! Pour nous tous, Suédois qui vivons à l'étranger, il existe donc un problème d'*expression* quand nous retournons à notre langue. Nous avons pris de telles habitudes en anglais, en français ou en allemand, que nous trouvons que le suédois manque de subtilité.

Cependant, à la maison, la langue utilisée était bien le suédois. Ma mère était née en Allemagne de parents juifs, c'était une réfugiée qui avait mis sa culture natale de côté. Elle ne voulait pas retourner en Allemagne après la guerre. J'aurais aimé voir où elle avait grandi, à Nuremberg, mais elle n'a jamais voulu m'accompagner là-bas ; elle consentait juste à évoquer certains souvenirs. Elle avait quitté l'Allemagne quand elle avait dix-neuf ans, et il était trop douloureux pour elle d'y revenir. Par contraste avec notre vie très simple en Suède, elle venait d'une famille riche, et nous parlait parfois de certains détails de sa vie quotidienne, de ses domestiques, de sa cuisinière, ou de son chien, que les nazis avaient abattu au moment de leur fuite. Comme elle avait rejeté la culture allemande, je n'ai pas appris l'allemand avec elle, mais en classe. J'allais dans une école Steiner[1] et là, dès la première année, on nous mettait à l'allemand et à l'anglais. J'avais six ans et découvrais tout cela, tout en ne parlant que suédois à la maison et dans la vie courante.

Vous possédez la double nationalité suisse et suédoise. Quelle est votre relation à la Suède ?

Complexe et émotionnelle. Disons que lorsque la Suisse, où j'habite depuis trente-cinq ans, joue au hockey sur glace contre la Suède, je suis Suédois !... On dit communément que la meilleure chose que des parents puissent donner à leurs enfants est des racines et des ailes. Mes parents m'ont offert cela et mes racines sont en Suède. Je le ressens très puissamment lorsque je m'y rends. De nombreuses images me reviennent à l'esprit, d'abord liées à la présence de la nature dans nos vies : nos grandes balades en forêt, nos collectes de champignons, etc. Tout cela est très présent en moi.

Et la Suisse, où vous vivez aujourd'hui ?

C'est différent. Je m'y suis rendu pour la première fois comme (presque) adulte pendant l'été 1970, à l'âge de dix-sept ans. À l'origine, je devais faire un tour de l'Europe en train (j'avais acheté un Eurail Pass) avec ma petite amie Inga Müller, de Schloss Elmau[2]. Nous avions décidé d'explorer certains pays que nous ne connaissions pas du tout : principalement la France, l'Espagne et le Portugal. Cependant, quelques jours avant notre départ, Inga m'a appelé pour me dire qu'elle avait rencontré un Indien très intéressant et qu'elle avait décidé de partir en Inde avec lui... Eh bien, j'ai finalement décidé de partir seul, accompagné de mon sac à dos.

1. Écoles inspirées de l'œuvre et des préceptes de l'Autrichien Rudolf Steiner (1861-1925).
2. Hôtel situé au pied des montagnes du Wetterstein, en Bavière, où la famille Engstroem avait l'habitude de séjourner. Voir p. 28.

Quel a été votre première étape en Suisse ?
Montreux. L'un de mes amis d'enfance, le pianiste suédois Dag Achatz, y habitait, et j'ai eu la possibilité de séjourner chez lui. Le lendemain de mon arrivée, au petit-déjeuner, il m'a suggéré de me rendre à une masterclass donnée par Gregor Piatigorsky à l'hôtel Eden Palace. J'étais surpris, car c'était une grande gloire de cette époque et je ne m'attendais pas à le trouver à Montreux. Je venais de lire son livre, *Mon violoncelle et moi*[1]. Son histoire et sa personnalité me fascinaient. Je me suis rendu à la masterclass, que j'ai écoutée avec passion. J'étais comme envoûté par chacun des mots qu'il prononçait. À la fin, il est allé à la terrasse d'un café avec ses élèves. Je me suis installé à côté d'eux, à une table voisine, et j'ai tâché de suivre la conversation. Ensuite Piatigorsky est monté, seul, dans sa chambre d'hôtel. Je ne sais pourquoi, mais quelque chose m'a alors poussé à aller voir le réceptionniste. Il a appelé Piatigorsky dans sa chambre, et je lui ai directement parlé. Je lui ai dit qui j'étais, un amoureux de la musique, que j'étais suédois, que j'admirais beaucoup son art, et que je venais de lire son livre. Il m'a juste répondu : "Très bien, montez !" Il a ouvert la porte, il m'a fait entrer et a poursuivi, en forme de question : "Jouez-vous aux échecs ? – Oui, je joue aux échecs, ai-je répondu. – Je n'ai pas beaucoup de temps, mais faisons une partie. Ensuite, on verra, il faudra sans doute que je me repose", a alors lancé le grand homme. On a joué une partie, et puis nous avons parlé, de lui, de sa masterclass, d'interprétation, de musique en général. Après une vingtaine de minutes, sa femme est venue nous interrompre pour lui rappeler qu'il devait dormir. Piatigorsky a pris un papier où il a inscrit son adresse, me l'a donné et m'a dit : "Si vous venez à Los Angeles, passez me voir. Nous ferons une autre partie." Voilà un beau souvenir pour moi de ce colosse, par le talent et par la taille – il était même plus grand que moi, du haut de ses deux mètres.

Qui d'autre avez-vous alors rencontré ?
Le lendemain, Dag m'a permis de faire la connaissance de Nikita Magaloff[2], avec qui il jouait à deux pianos. Nikita et sa femme Irène (la fille du

1. Le violoncelliste américain, d'origine ukrainienne, Gregor Piatigorsky (1903-1976), avait publié son autobiographie sous le titre de *Cellist*, en 1965.
2. Pianiste suisse d'origine russe (1912-1992), grand interprète de Chopin.

violoniste Josef Szigeti) étaient des êtres très chaleureux qui m'ont tout de suite mis à l'aise. Bien sûr, nous avons parlé de Piatigorsky avec qui ils venaient de dîner. Je ne pouvais pas imaginer que trente ans plus tard je me rendrais très régulièrement au Crépon, où ils résidaient, afin de rendre visite à Nikita, Irène et leur fille Wanda. Nikita lui aussi aimait jouer aux échecs et nous avons fait de nombreuses parties ensemble…

Ces quelques jours en Suisse furent un moment étonnant, car, au-delà de ces rencontres et des anecdotes avec de grands musiciens, je me souviens très bien m'être dit : "J'aimerais mourir ici"… J'ai adoré ce mélange rare de lac et de montagne. Étonnant pour un jeune homme de seulement dix-sept ans, non ? Comment ai-je pu avoir cette pensée ?

En effet. Peut-être avez-vous été atteint du syndrome de Vladimir Nabokov[1] *en quelque sorte…*

Oui, c'est cela ! Une sorte de coup de foudre, comme une interprétation romantique de ce paysage unique de lac et de montagne. En juillet, tout était admirable, la nature, les fleurs, l'atmosphère… Ainsi, mon attachement à la Suisse a d'emblée été puissant, mais plus sentimental que réel. Je suis retourné à Montreux en 1986 seulement. À cette date, j'étais marié à Barbara Hendricks[2], nous avions deux enfants de cinq et deux ans, et nous habitions à Paris. Il y a eu une terrible série d'attentats à Paris, rue de Rennes, métro Saint-Michel… Nous habitions place des Victoires, et il régnait une atmosphère tendue dans la capitale française. La nuit, nous parvenait le son d'explosions toujours plus effrayantes. Après l'une de ces nuits d'épouvante, nous avons décidé de quitter Paris et de nous installer ailleurs. Nous craignions simplement d'amener les enfants à l'école et à la crèche, nous avions peur en bus, peur dans la rue, peur au restaurant, peur partout en fait… Nous avons cherché une nouvelle destination. Amsterdam me tentait. C'est une ville ouverte à la diversité, libre, et je pensais que pour un couple mixte comme le nôtre, ce serait bien. En outre, je me disais que cela nous rapprocherait du Nord et de l'esprit nordique, de la Suède. Mais Barbara m'a dit : "J'aimerais plutôt

1. Le célèbre écrivain américain, d'origine russe (1899-1977), a passé les dernières années de sa vie en Suisse. Sa tombe se trouve à Clarens, une localité de la ville de Montreux.
2. La célèbre soprano, né à Stephens en Arkansas aux États-Unis. Voir p. 73.

aller en Suisse." Bien. L'un de mes cousins, Andreas Heyne, dont j'ai toujours été proche, résidait à Bâle. C'était mon seul contact en Suisse. Je venais également de revoir un ami, Yves Petit de Voize[1] qui vivait, lui, à Montreux. Je l'ai appelé. "Yves, ai-je dit, nous souhaitons quitter Paris et nous installer en Suisse. Le bureau de l'immigration, que je viens de contacter, nous demande de préciser le lieu exact où nous désirons vivre en Suisse ; qu'en penses-tu ? Lugano ? Genève ? Zurich ? Bâle ? Lausanne ou ailleurs ?" Une fois cela décidé, nous devions trouver une adresse. Alors il fallait contacter la commune pour pouvoir obtenir un entretien. Dans le cas où nous étions acceptés en tant que résidents, la commune envoyait un message à la police cantonale. Après vérification, notre dossier allait à Berne, où les quotas d'immigration étaient déposés. Là, on nous disait si le quota était rempli, ou s'il restait de la place… Une fois la commune choisie, je devais joindre l'office cantonal pour la population. Il faut savoir qu'à cette époque la Suisse avait fermé ses frontières aux boat-people d'Asie : ses quotas étaient devenus vraiment très stricts. Yves m'a alors répondu : "Écoute, Martin, j'habite une grande maison à Montreux et je vais la quitter." Très bien. Dès le lendemain, je me suis rendu sur place, j'ai vu la maison et j'ai rencontré sa propriétaire avec Yves. La semaine suivante, Barbara m'a rejoint et nous avons eu notre premier entretien avec les autorités. Quelques mois plus tard, en décembre, nous résidions définitivement en Suisse.

Au fond, ce changement vous fut-il bénéfique ?
Oui. De Suisse, Barbara rayonnait facilement à travers l'Europe, comme auparavant. La situation était un peu différente pour moi. Mon permis de résidence indiquait : "Doit vivre auprès de sa femme". Pas de travail : pendant cinq ans, je ne pouvais pas être salarié. C'était la règle. J'étais donc consultant, pour le label de disque EMI, ou pour l'Opéra de Paris, avec lequel je travaillais pour l'ouverture de l'Opéra Bastille en 1989, et quelques autres comme le Ludwigsburger Schlossfestspiele en Allemagne. Et puis, bien sûr, j'étais l'agent de Barbara. J'étais donc loin d'être inactif ! En outre,

1. Journaliste et directeur artistique, Yves Petit de Voize a fondé l'Académie Festival des Arcs ou le Festival de Pâques de Deauville. Il a été directeur artistique du Festival de Montreux de 1990 à 1997.

j'adorais ce nouvel environnement et la vie avec mes jeunes enfants. Être père au foyer me convenait parfaitement, d'autant que je voyageais toujours régulièrement avec Barbara.

Notre maison à Montreux était spacieuse, avec une très belle vue sur le lac. Il y avait là des amis suédois, la famille de Mikael et Malou Ameln, que nous voyions souvent sur les pistes de ski à Verbier ou à table avec nos cinq enfants. Il y avait aussi le Festival de Montreux qui était assez important à l'époque. Nous organisions souvent des dîners d'après-concert avec les amis présents sur place. Claude Nobs, le fondateur du Festival de jazz de Montreux, est devenu un bon ami et un mentor lorsque j'ai commencé à développer l'idée de monter un festival à Verbier. Nous le voyions souvent lui aussi, avec des amis musiciens comme Quincy Jones, Monty Alexander et bien d'autres… Aller au concert à Montreux était étonnant, car de très nombreux artistes avaient choisi la région comme lieu de résidence, pas seulement Nabokov : Oskar Kokoschka, Josef Krips, Carl Schuricht, Wilhelm Furtwängler, Charlie Chaplin… Ils étaient tous mariés à des femmes plus jeunes et nous retrouvions ces veuves, avec leurs histoires que j'aimais beaucoup entendre. Nous dînions avec Oona Chaplin, recevions Olda Kokoschka pour le thé, et surtout Elisabeth Furtwängler qui était notre voisine directe. J'aimais les entendre parler de leurs maris. Elisabeth avait été l'une des premières personnes à nous accueillir lors de notre arrivée à Clarens, avec une miche de pain et du sel pour nous souhaiter la bienvenue. Au début, nous avons gardé nos distances, puis un jour est arrivé un événement qui a provoqué le début d'une longue amitié. Elisabeth possédait une petite chienne poilue du nom de Cora, qui avait l'habitude de passer de chez elle à chez nous et de venir faire ses besoins dans notre jardin, près de la piscine, là où jouaient les enfants… C'était dégoûtant et un jour, n'en pouvant plus, je décidais d'aller la voir pour lui demander de mieux contrôler son chien. Elle m'a écouté, calmement, et m'a répondu qu'elle avait elle aussi l'intention de venir me voir, car mon chien venait tous les jours faire ses besoins dans son jardin à elle. Elle m'a fait faire le tour de son jardin afin de me faire admirer les crottes du jour et de la veille… Depuis ce moment nous sommes devenus proches. J'allais souvent la voir pour un thé l'après-midi, m'asseyant sous le portrait de Wilhelm Furtwängler peint par Oscar Kokoschka, écoutant les histoires au sujet de son mari, de Karajan, et des autres extraordinaires rencontres qu'elle avait pu faire au long de sa vie. Elle était proche alors des quatre-vingt-dix ans, mais était dans une très grande forme physique. Nous allions aussi promener nos chiens, sans que jamais elle ne se plaigne de la longueur du trajet. Elle était grande, mince, et très lucide. Elle avait l'admiration de nombreux interprètes qui venaient la voir. J'ai vu là Alfred Brendel, Daniel Barenboim et bien d'autres artistes plus jeunes, alors en devenir.

On vous sent fier d'être devenu Suisse…
Oui, très ! Je me sens reconnaissant pour ce pays, pour la paix et la sécurité qui y règnent. Si je regarde bien mes trente et quelques années en Suisse, je me rends compte que la vie y est extrêmement préservée. Tout y est simple et en même temps un peu hors du monde. La comparaison avec d'autres pays, quels qu'ils soient, est à ce titre éloquente. La beauté, la propreté, l'organisation… Tout cela est incroyable. À tel point que je me demande quelles seront les conséquences de ce confort de vie pour mes filles qui grandissent en Suisse : un jour elles verront qu'elles ont évolué dans un environnement extrêmement protégé. Vivre à Paris ou à New York n'est simplement pas comparable…

Malgré votre attachement à la Suisse, vous restez Suédois. Au fond, comment définir "l'esprit" suédois ? Qu'a-t-il de si spécial ?
En Suède, il existe une ouverture incroyable. Au sens général. L'ouverture à la nature, au sexe, aux autres, aux réfugiés… Cela touche tous les domaines. Pas de vouvoiement par exemple en Suède, même avec le roi… Pas de hiérarchie entre les êtres. Le sentiment d'égalité y est très fort. On comprendra que, dans ces conditions, le climat y est très socialiste. En Suède, on ne parle jamais d'argent. En cas d'une grande promotion professionnelle, je pourrais le dire à mes enfants et à ma femme, mais à personne d'autre. Ce serait mal vu. Tout cela semble normal lorsque vous vivez en Suède. Si vous allez à l'étranger et que vous retournez en Suède, vous voyez les choses autrement. De manière un peu étrange, je dois dire !… Cela étant, je constate de grands changements dans la société suédoise, dus notamment à l'arrivée de nombreux réfugiés ces dernières années. Une expérience dont j'ai assez honte d'ailleurs illustre bien cela. Un jour où j'étais à Stockholm, je devais changer un billet d'avion et j'ai dû aller dans une agence SAS – c'était avant

internet… La fille derrière le guichet était d'origine asiatique et, spontanément, je lui ai parlé en anglais. Elle m'a répondu dans cette langue, m'a demandé mon passeport. Elle a alors constaté que j'étais Suédois et m'a dit : "Mais pourquoi m'avez-vous parlé en anglais, pas en suédois ?" J'étais tellement embarrassé ! Il faut dire qu'à mon départ de Suède, toutes les filles étaient blondes !… Quinze ans plus tard, tout cela n'allait plus de soi, et le pays était riche de nouveaux habitants, de nouvelles influences. La société avait évolué, tout bêtement. Et il ne faut pas non plus oublier que le pays est immense. Il y a de la place pour tout le monde. Mais les réfugiés ne souhaitent pas forcément vivre dans le Nord de la Suède. Les conditions (le froid, l'absence de lumière…) y sont trop difficiles pour des gens du Sud. Finalement, ils se retrouvent tous à Malmö ou Stockholm, où ils ne sont pas toujours heureux… Les réfugiés le sont rarement dans leur nouvel environnement. C'est une question compliquée, n'est-ce pas ?

Quelle était l'atmosphère en Suède lors de votre enfance dans les années 1950-1960 ? Parlait-on de la Seconde Guerre mondiale ?
À ce sujet il existait une forme d'embarras… On ne parlait pas de la guerre. C'était tabou. Il faut dire que la Suède avait passé des accords avec les nazis, et le pays était devenu un passage possible pour eux entre le Danemark et la Norvège, deux pays occupés. Le sentiment collectif à ce sujet était que cela avait été une erreur, une mauvaise décision prise par le roi et le Parlement. Une sorte de honte planait. D'autant plus forte que de nombreux Juifs des pays baltes avaient tenté de se réfugier en Suède et que l'accès au pays avait alors été refusé à la majorité d'entre eux. On peut donc dire que la guerre avait laissé de nombreuses zones d'ombre en Suède. Autre point important et mal connu : avant la guerre, la Suède était un pays pauvre, très pauvre même. Dès les années 1930, il est devenu social-démocrate[1]. Pas socialiste, social-démocrate. La sécurité sociale était très forte et tous les citoyens ont eu

1. La social-démocratie a très tôt joué un rôle politique important en Suède, la branche réformiste du parti socialiste l'ayant rapidement emporté sur la branche révolutionnaire. Une première coalition des centristes et des sociaux-démocrates assura ainsi un gouvernement stable de 1932 à 1956. Par la suite, les sociaux-démocrates ont régulièrement gouverné seuls.

accès à des soins de qualité, à la médecine et à l'hôpital. C'était une société qui fonctionnait. Cela signifie que le tissu social y était très fort et que personne, pour ainsi dire, ne souffrait en Suède. Mais il y avait forcément des zones grises çà et là. Je pense aux artistes par exemple et à mon père en particulier. Il était fier d'être sculpteur. Il passait beaucoup de temps à appeler des architectes et d'autres personnes responsables des écoles ou des parcs. En fait, tous ceux qui auraient pu avoir besoin, quelque part dans le pays, d'une sculpture. C'était dégradant pour lui de devoir ainsi mendier. Je me souviens qu'il était souvent déprimé, découragé à cause de cela. Il n'avait personne pour l'aider, ni galerie ni agent. Une fois, dans sa vie, il a reçu une bourse… Dans ses discussions avec les autorités on l'appelait "travailleur culturel" [*kulturarbetare,* en suédois] et cela le blessait. Un jour, tard dans sa vie, il sut que le ministère de la Culture allait instaurer un salaire annuel pour les *kulturarbetare.* Évidemment, cela suscita beaucoup d'espoir chez les artistes dans le besoin comme mon père. Et puis il finit par apprendre que les artistes les plus reconnus de Suède, comme la soprano Birgit Nilsson ou le cinéaste Ingmar Bergman, et d'autres, avaient reçu ces subsides… Cela l'a profondément dégoûté !

En Suède, tout le monde devait être "égal". Comme dans un kibboutz géant, étendu à toute la société, si vous voulez. Après la guerre il y a eu aussi en Suède des réussites industrielles et commerciales exceptionnelles comme Saab, Volvo, Ikea, etc. Un bel esprit d'entreprise, partagé par de nombreux Suédois. Aujourd'hui la social-démocratie est derrière nous, et elle est vue comme un passage obligé entre la guerre et les temps présents. Un moment de reconstruction, pas seulement morale.

Quels souvenirs avez-vous du Stockholm de votre jeunesse ?
Je me souviens par exemple du centre-ville. Tout était en mauvais état et l'architecte de la ville avait alors des plans très ambitieux de reconstruction. Et de démolition. À l'époque, on n'hésitait pas à raser des maisons anciennes pour construire à la place un gratte-ciel, à couper des arbres pour faire sortir de terre des stations de métro. La modernisation devait passer, quoi qu'il en coûte. Les jeunes, dont je faisais partie, ont fini par manifester. Nous sommes par exemple montés dans un chêne centenaire au moment où il devait être déraciné, jusqu'à ce que le projet soit abandonné… Cela

peut sembler bien anecdotique, mais je le raconte car ça m'a fait changer. Tout d'un coup, je me suis dit : "Bouge-toi, intéresse-toi, regarde un peu le monde autour de toi !"

Je me souviens aussi des débats, chez nous, à propos des sociaux-démocrates. Ma mère était… très contre ! En tant qu'Allemande, elle avait fui un État totalitaire et elle était très heureuse de sa liberté retrouvée. Elle détestait que l'on intervienne dans sa vie, qu'on lui dicte ses choix ou ses comportements. Mon père voyait les choses un peu différemment. Il était reconnaissant pour les aides sociales et médicales. Les discussions à ce sujet étaient donc très animées. Encore plus après que Marion, ma sœur aînée – elle avait six ans de plus que moi – soit sortie avec Stefan, le fils du maire de Stockholm, Hjalmar Mehr, une figure célèbre de la social-démocratie. Ces débats étaient utiles et ils ont forgé mon esprit critique et un certain sens du réel. Il est toujours bon de s'exprimer et de confronter des idées.

Où habitiez-vous ?

Nous avons d'abord vécu dans un petit appartement au Smedsbacksgatan 30, à Stockholm. Ma mère dormait dans le canapé du séjour, mon père sur le banc de la cuisine, ma sœur et moi devions nous contenter d'un lit superposé. Il en a été ainsi jusqu'à mes dix ans, où les autorités nous ont donné la possibilité d'avoir un appartement plus grand. Mes parents ont dû souffrir de la situation, tant il était impossible pour eux d'avoir une quelconque intimité à quatre dans ces soixante mètres carrés. Mais pour nous, les enfants, je me souviens d'un profond sentiment de sécurité. Lorsque nous allions nous coucher, il y avait toujours quelqu'un qui parlait. C'était bon et réconfortant. Mes parents étaient très aimants. Mais je ne me rendais pas compte à quel point le manque d'argent était un problème pour eux. Nous n'avions pas de télévision, ni de voiture. La viande était très rare à table, présente qu'en cas d'occasions exceptionnelles. Bref, l'argent était une bataille quotidienne et certainement la cause de beaucoup d'anxiété.

En 1963, donc, j'avais dix ans et nous avons déménagé au Armfeltsgatan, 7. J'ai aussi changé d'école. Le trajet était assez long pour aller à Brommaplan et Kristofferskolan (mon école Steiner). Je devais d'abord prendre un bus, puis le métro, changer de train et marcher ensuite environ dix minutes.

Tout cela à sept heures du matin, souvent dans la nuit complète. Pas très agréable ! Et même chose au retour, toujours dans le noir. C'était la Suède, et son manque cruel de lumière au moins six mois par an…

Bien que les finances à la maison ne soient pas excellentes, mes parents aimaient recevoir des invités. Tant à l'atelier de mon père à Banérgatan qu'à partir de 1963 dans notre nouvel appartement à Armfeltsgatan. Ils recevaient principalement des artistes de passage à Stockholm tels que Fischer-Dieskau, les quatuors Amadeus ou Melos, mais aussi de nombreux musiciens suédois. Dans notre nouvel appartement, nous avions reçu en cadeau un piano sur lequel je m'entraînais. Les visiteurs réguliers dont je me souviens comprenaient Antal Dorati, Gerald Moore, Alfred Brendel, Murray Perahia, Nicolai Gedda, George Malcolm, Christoph Eschenbach, Stephen Kovacevich, Fou Ts'ong, Jorma Panula. Je suppose que la joie d'avoir toujours des musiciens autour de moi est venue de cette époque.

Parlez-nous un peu plus de votre père, Torolf[1].
Il était né en 1909 et était sculpteur. Il avait étudié son art à Stockholm et aussi à Paris où il avait vécu entre 1931 et 1932. Il avait à Stockholm un petit studio en sous-sol à Grevgatan, au 57, où il se trouvait la plupart du temps. Il n'avait pas la lumière du jour, c'était très sale, mais c'est là qu'il travaillait et qu'il entreposait ses œuvres. Il avait un autre studio au Banérgatan, 49, toujours à Stockholm. Au sixième étage sans ascenseur, sans toilettes ni cuisine. Mais mon père, qui était aussi un très bon photographe, avait également une petite pièce qui lui servait de chambre noire pour développer son travail. Il aimait garder des traces photographiques de son travail, et également de la vie de la famille. J'ai précieusement conservé ses multiples albums photos jusqu'à aujourd'hui.

Votre mère, Inge Rosenfeld, n'était pas née en Suède, mais à Nuremberg, en Allemagne.
Oui. Elle était arrivée en Suède comme Juive réfugiée. Mon grand-père Artur Rosenfeld avait fait fortune dans le commerce du houblon. Il fournissait de

1. Le deuxième prénom de Martin Torolfsson Engstroem, T:son, vient de son père, *"son"* signifiant "fils de".

nombreuses brasseries, dans le monde entier. Il avait tout perdu en 1929 lors du grand crack de la Bourse, mais il était parvenu à se refaire, avant de tout perdre à nouveau pendant la période nazie. Cela atteignit son paroxysme lors de la fameuse nuit de Cristal, le 8 novembre 1938, alors que l'ensemble de la famille était invité chez des amis de mon grand-père. Là, il a été prévenu que les SA étaient entrés chez lui et les attendaient. Mon grand-père obligeait toute la famille à ne jamais sortir sans passeport. Cette prudence s'est avérée vitale ce soir-là… Plutôt que de rentrer à la maison, ils se sont donc précipités à la gare de Nuremberg. Mes grands-parents sont partis en direction de Londres avec leur fils Herbert. L'aînée des filles, Edith, est allée à Bâle où vivait son fiancé. Et ma mère, âgée alors de dix-neuf ans, s'est enfuie avec sa grande sœur Marion en direction de Stockholm. Mon grand-père leur avait donné une lettre de recommandation pour un certain Oscar Rydbeck, un banquier qui avait géré ses affaires en Suède. Dans sa lettre, mon grand-père lui demandait d'offrir un toit à ses filles avant qu'elles puissent se débrouiller par elles-mêmes. En novembre 1938, ma mère et sa sœur sont donc arrivées en Suède par un temps glacial. Elles ont trouvé Rydbeck qui les a hébergées jusqu'à l'été suivant.

Que s'est-il passé ensuite ?
Ma tante Marion est restée à Stockholm jusqu'à l'hiver 1941 où elle est partie, en compagnie d'une autre réfugiée, en direction des États-Unis, via le train transsibérien. Elle a fini par y arriver, saine et sauve. Elle s'est installée à Berkeley, en Californie, où elle est devenue une célèbre thérapeute exerçant sous le nom de Marion Rosen. Edith, de son côté, s'est mariée à Bâle avec l'acteur, auteur et metteur en scène allemand Kurt E. Heyne.

Et vos grands-parents ?
Artur et Lily Rosenfeld ont pu se réfugier à Londres avec leur fils Herbert. Comme il était déjà diplômé de médecine, il a assez rapidement pu devenir psychiatre.

Comment vos parents se sont connus ?
En arrivant en Suède, ma mère a d'abord habité à Stockholm, puis est allée à Uppsala étudier à l'université. Elle a mis un certain temps à s'intégrer

et à se faire des amis. Je pense qu'elle a rejoint la chorale de l'université et que c'est là qu'elle a créé les premiers liens amicaux. En évoquant cela me revient une blague. Deux bons amis, un Finlandais et un Suédois, décident de passer la soirée ensemble. Ils s'assoient au restaurant, et le Suédois lance : "Skål !" Le Finlandais le regarde, interloqué : "Mais on avait prévu de passer la soirée ensemble en buvant, pas de parler !"... Les Finlandais parlent peu. Les Suédois ne sont pas non plus prolixes. Mon père s'exprimait lentement, avec précaution. Il ne s'imposait jamais dans une conversation. Il écoutait. Il était avant tout un observateur, un œil, et j'ai hérité de cette capacité. Je ne suis pas sculpteur, comme lui, ni portraitiste, mais je crois avoir cette vision qui permet en quelques secondes de situer les gens.

Ma mère, elle, n'appartenait pas à cette atmosphère bergmano-suédoise. Elle était plus méridionale de mentalité et de comportement. Elle avait une vie sociale très riche. Elle aimait sortir et avait toujours de nombreuses activités. Par chance, j'ai hérité d'elle cette facilité à aller vers les autres, quelle que soit leur position sociale. Cela peut être le président de la République, pas de problème. Mon père était impressionné, et embarrassé, par les positions, le faste et l'aisance sociale. De lui, j'ai gardé une capacité d'écoute, une vraie curiosité pour les gens et les choses. Mon père échangeait sans cesse avec moi, me posant toutes sortes de questions auxquelles je n'avais pas souvent la réponse : "Pourquoi fais-tu cela et pas autre chose ? Que penses-tu de ça ?", etc.

Finalement, quoique très différents, mes parents formaient un couple qui fonctionnait bien.

Parlons encore de vos racines et de votre identité. Vous sentez-vous Juif ?

Oui, je me sens même "très" Juif. Cela m'est apparu pour la première fois lorsque j'avais quatorze ans, en juin 1967, pendant la guerre des Six Jours. Ma grande sœur Marion a alors décidé, comme beaucoup d'autres dans le monde, de partir en Israël et d'y aider comme volontaire. Il y a eu de grandes discussions à la maison à ce sujet. Je me souviens de lui avoir demandé : "Mais pars-tu pour travailler ? Quel travail ? – Aucun, ou plutôt tout ce que l'on me donnera ; je veux juste être présente là-bas en ce moment et participer", a-t-elle répondu... Marion était devenue membre d'un centre communautaire juif de Stockholm et avait fait toutes les démarches pour travailler dans un kibboutz, mais l'invitation n'est jamais venue et elle n'est finalement pas partie. Moi aussi j'aurais voulu l'imiter, mais j'étais trop jeune. Restaient de grands échanges entre nous sur la guerre, sur Israël, sur la judaïté, sur la nécessité où nous étions de nous entraider. Ainsi, j'ai pris conscience que j'étais Juif et que mes amis ne l'étaient pas. Ils ne comprenaient pas que ma sœur puisse partir là-bas, où il y avait la guerre, un pays lointain et les Arabes. Ils ne ressentaient pas le sentiment d'appartenance qui m'habitait.

Quatre ans plus tard, en juin 1972 – j'avais donc dix-huit ans –, je suis allé en Israël pendant cinq semaines, voulant découvrir le pays en auto-stop. Je suis parti avec un camarade de classe, Robin Wirke. Une fois arrivés à Tel Aviv, nous sommes allés au Youth Hostel, au bord de la rivière Yarkon. Nous y sommes restés deux nuits, mais il existait alors de fortes contraintes : nous devions quitter l'auberge à 9 heures du matin, il était impossible d'y rester pendant la journée. Puis elle rouvrait à 18 heures. C'était alors la règle en Israël. Cela nous obligeait à rester très actifs. Du coup, nous avons décidé, Robin et moi, de nous séparer et de nous retrouver tous les trois jours dans un lieu fixé à l'avance. Ainsi nous pourrions partager nos expériences et ne pas être lassé l'un de l'autre.

Qu'avez-vous fait de votre côté ?
J'ai beaucoup voyagé chaque jour, découvrant chaque coin du pays, du nord au sud, d'est en ouest. L'auto-stop était très pratique à l'époque, tout le monde s'arrêtait, et même les soldats voyageaient ainsi ; ils pouvaient facilement rentrer chez eux, même s'ils n'avaient que quelques heures de libres devant eux. Il n'y avait pas de sentiment d'insécurité, ni de contrôles. Il y avait aussi les bus Egged qui permettaient d'accéder à toutes les villes du pays, mais évidemment cela avait un coût. Finalement, je n'ai eu qu'une expérience malheureuse – dans les Territoires occupés, car je voulais voir Bethlehem. Là j'ai été pris en stop par deux hommes qui ont fini par me voler tout ce que j'avais et me laisser repartir. Je pense à cette expérience avec un sentiment de nostalgie et je m'interroge aussi : "Comment mes parents ont-ils pu me laisser partir seul, en Israël, aussi longtemps ?!" Je n'en reviens toujours pas ! Leur confiance en moi devait être si grande…

Quelle place a eu la musique dans ce voyage ?
Importante. Mon parrain, Antal Dorati[1], m'avait donné une lettre de recommandation. Elle était destinée à Abe Cohen, le secrétaire général de l'Orchestre philharmonique d'Israël. Dorati lui demandait de me donner des billets pour tous les concerts auxquels je souhaiterais assister. Aujourd'hui, cela semble banal, mais à l'époque c'était une grande chance. En effet, dans ces années-là, tous les concerts étaient *sold out* et il existait un véritable culte de la musique dans tout le pays. Afin de répondre à la demande, l'Orchestre philharmonique répétait douze fois chaque concert ! À Tel Aviv, à Jérusalem ou à Haïfa. Il faut dire qu'ils avaient trente-six mille abonnés… Aller au concert et écouter de la musique était un acte quasi religieux. D'ailleurs, l'écoute était d'une rare intensité en Israël à cette époque. Au cours de ma vie, je ne l'ai retrouvée qu'en Russie. Pour tous ces émigrés qui avaient dû fuir l'Europe, la musique était au centre de leur vie. Ils lui donnaient une valeur supérieure. La musique touchait au plus profond de leur âme et de leur corps.

Il se trouve qu'en 1972, pour la première fois après la Seconde Guerre mondiale, un artiste allemand se produisait en Israël : il s'agissait de Dietrich Fischer-Dieskau[2]. Pour l'occasion, rien de moins que six récitals étaient prévus à Tel Aviv, à l'auditorium Mann, avec six programmes différents et deux pianistes, Daniel Barenboim et Gerald Moore. J'ai assisté à deux récitals de cette série historique. Je peux dire que j'ai été marqué à vie. Je veux dire que j'ai senti une *nécessité*, une urgence, un absolu. Ces concerts étaient moralement et physiquement un impératif. Pour l'exprimer autrement, il m'est clairement apparu qu'il était impossible de vivre sans musique… Le silence, la concentration, le rituel, tout cela était très fort. Fischer-Dieskau chantait toutes ces pièces de romantiques allemands que l'assistance semblait dans son ensemble connaître par cœur… C'était si fort ! Au long de ma vie, j'ai dû entendre une vingtaine de récitals de lieder de Fischer-Dieskau. Cinquante ans plus tard, je me souviens parfaitement

1. Le chef d'orchestre hongrois, naturalisé Américain, Antal Dorati (1906-1988). Il revient régulièrement dans ce récit. Voir notamment p. 45 et 60.
2. Le baryton allemand Dietrich Fischer-Dieskau (1925-2012) revient lui aussi régulièrement au fil des pages de ce livre. Voir notamment p. 39 à 41.

de chacun d'eux. Il avait une manière unique d'aborder ce répertoire et de transmettre cette musique. Cela me touchait au plus profond.

Je suis resté quelques jours à Tel Aviv et le voyage s'est poursuivi. Après mon voyage en Israël, j'ai passé plus de temps en Bavière, à Schloss Elmau.

Schloss Elmau ? Qu'est-ce ? Pouvez-vous en dire plus ?
C'est un endroit de villégiature à part, en Bavière. C'est là où mes grands-parents Artur et Lily Rosenfeld, grâce à leur amitié avec le philosophe et théologien Johannes Müller, "l'inventeur" de Schloss Elmau, ont participé à sa fondation dès 1916. Ma mère y est venue pour la première fois en 1923, alors qu'elle n'avait que cinq ans. Notre famille y passait beaucoup de temps tout au long de l'année. Si je mets de côté mes racines suédoises, qui sont très fortes, je peux dire que Schloss Elmau est vraiment "chez moi". Les montagnes, les arbres, le lac, le cours d'eau... Tout cela est totalement ancré en moi. Je connais tous ces paysages et j'ai dû gravir toutes les montagnes alentour. J'y ai aussi entendu le Quatuor Amadeus pour la première fois, ainsi que Wilhelm Kempf, George Malcolm, Yehudi Menuhin, et bien d'autres grands artistes.

Je suis allé pour la première fois à Schloss Elmau quand j'avais dix mois, en juin 1954. Ainsi, Dietmar Müller-Elmau, le petit-fils de Johannes et le fils de Bernard et Bep, est rapidement devenu mon meilleur ami et le frère que j'aurais aimé avoir. J'ai vécu tous les hauts et les bas de ma vie avec lui, et réciproquement. Dietmar a toujours été là quand j'avais besoin de lui pour m'aider ou me conseiller, ou bien en cas de déprime comme après mon divorce. Aujourd'hui encore, soixante-huit ans après le début d'une telle relation amicale, nous nous parlons plusieurs fois par semaine. Je suis le parrain de son fils Daniel et il est celui de ma fille aînée, Jennie. Schloss Elmau, et toutes les rencontres que j'ai pu y faire, ont simplement enrichi et stimulé ma vie. Aujourd'hui, avec Dietmar, sa femme Heidrun, ses quatre sœurs et ses six enfants, nous formons une sorte de famille élargie. Toute petite du temps de mes parents, elle s'est transformée en une grande famille, et cela me réjouit.

Plusieurs anecdotes me reviennent à l'esprit. En 1970, je suis allé à Salzbourg. Je devais y rencontrer Yuri Temirkanov, qui y faisait ses débuts avec l'Orchestre philharmonique de Vienne. Le concert en lui-même avait été un désastre. Le soliste avait eu des problèmes et la manière flamboyante qu'avait Yuri de diriger à cette époque, se tournant par moments vers le public, n'avait pas du tout plu aux Autrichiens. Je me souviens encore du titre de *Kurier* : "Seulement un chef d'orchestre aux allures de star". Pendant ce voyage, je suis allé dans un magasin de disques et suis tombé sur Alfred Brendel. Nous nous sommes parlé et je lui ai demandé son numéro de téléphone. Il a répondu : "La *Sonate pour piano n° 27* de Beethoven et le *Quatuor n° 17* de Mozart." Après avoir vu ma réaction – j'étais complètement désorienté –, il a ajouté : "Si tu peux retrouver les numéros d'opus et de Köchel de ces œuvres, tu auras trouvé mon numéro de téléphone." C'était avant Google et j'ai mis un moment à trouver 90458, mais cette idée de me souvenir des nombres à travers le catalogue Köchel m'est restée jusqu'à aujourd'hui. Quand je suis à l'hôtel, je retiens toujours mon numéro de chambre grâce à une composition de Mozart.

Je me souviens d'une autre belle anecdote datant du 31 décembre 1999. Je fêtais seul à Elmau la fin de l'année. Mes enfants Sebastian et Jennie étaient avec leur mère et ma mère, elle, était en Suède. La veille, j'avais parlé au téléphone avec Vadim Repin qui était en Russie, en route pour Elmau où il allait donner des concerts. J'ai proposé que nous fêtions ensemble le début du nouveau siècle – dans le sauna ! Il y a un petit sauna sur le ruisseau en dessous d'Elmau. Personne n'était là sauf Vadim, sa petite amie Caroline et moi. Vadim avait apporté un demi-kilo de caviar russe et un esturgeon entier. J'avais apporté une bouteille de vodka et des bières. Nous avons tous convenu que ces heures passées ensemble dans le sauna étaient la meilleure façon possible de célébrer l'avenir.

Comment votre mère appréhendait la musique ?

Ma mère venait d'une famille de Juifs intégrés et avait reçu une culture bourgeoise classique ; elle avait eu des cours de piano et allait très souvent au concert avec ses parents. Elle avait également étudié le chant et avait pu entendre de grands solistes en récital, notamment à Schloss Elmau. À partir de 1933, cela lui était devenu impossible à Nuremberg à cause des lois raciales : les Juifs n'étaient plus bienvenus à l'opéra et au concert symphonique... Mais la musique est restée au cœur de la vie de ma mère. Mon père, là encore, m'a donné la capacité d'écoute, tandis que ma mère m'a transmis l'esprit critique : le goût de ce qu'il fallait écouter, et pourquoi.

Comment cela ? Pouvez-vous nous donner un exemple ?
Oui. Un jour, je suis allé au concert avec mon père, et au programme il y avait le *Concerto pour violon* de Brahms. Après la fin du premier mouvement, je me suis tourné du côté de mon père pour lui faire comprendre que j'étais déçu par le violoniste… Il me lança un regard menaçant et me dit : "Mais enfin, Martin, écoute la musique !" Ce fut une bonne leçon qui m'a fait beaucoup réfléchir et à laquelle je pense encore aujourd'hui. Il est facile de juger un interprète, il est facile d'être critique. Mais la musique vaut mieux que cela. Elle est plus grande que les interprètes. Elle est plus grande que moi. C'est une bénédiction, un cadeau des dieux. Bien sûr, un concert de Menuhin ou Heifetz pourra vous transporter dans des sphères supérieures à celles d'un interprète médiocre, mais Brahms sera toujours présent, et là se trouve l'essentiel.

Depuis cet épisode avec mon père, j'ai appris à mieux séparer les choses. D'un côté, je peux jouir de l'écoute d'une œuvre, parce que Brahms est joué et que c'est un grand compositeur. D'un autre, ma profession est de juger les interprètes, d'en inviter certains dans mes festivals et pas d'autres… Ou même de les noter pendant des concours ! Mais je fais la part des choses, cela reste mon travail.

Et votre mère ? Quel était son métier ?
Aussi longtemps que nous avons habité à Smedsbacksgatan, mes dix premières années, ma mère travaillait essentiellement à la maison et faisait des traductions et diverses petites tâches. Elle ne voulait pas avoir d'emploi classique de bureau, car je rentrais de l'école à midi et elle souhaitait déjeuner avec moi. Il n'y avait pas d'école l'après-midi… Elle s'occupait de moi. Ensuite, quand j'ai eu dix ans, nous avons déménagé, comme je l'ai expliqué, et l'école m'occupait jusque dans l'après-midi. Alors ma mère a trouvé un emploi chez un agent d'artistes de Stockholm, Konsertbolaget. À l'époque il existait deux agences, celle de Stockholm donc, et une autre à Göteborg, de Henrik Lodding, une personne qui aura une importance capitale dans ma vie, et dont je parlerai plus loin. L'agence où

travaillait ma mère existait depuis cinquante ans et avait fait venir les plus grands noms en Suède, comme Rachmaninov, Casals ou Prokofiev. Ma mère devait accompagner ces artistes lorsqu'ils étaient à Stockholm. Elle a notamment accueilli Britten, Oïstrakh et bien d'autres. Elle y est restée six ans, de 1964 à 1969. Puis elle a candidaté à un poste d'assistante de production à la radio suédoise. Elle a été responsable de différentes émissions, dont un programme de nuit intitulé *Nocturne*, de 22 heures à minuit tous les soirs, sur la chaîne de musique classique. Ma mère était très douée pour trouver un répertoire intéressant pour cette émission de musique "de nuit". Elle était très inventive. Avec la présentatrice de *Nocturne*, elle s'est vue offrir la programmation d'une petite saison de concerts pour enfants avec l'Orchestre de la radio suédoise. Il se trouve que l'un des premiers chefs qu'elle a engagés était Esa-Pekka Salonen, alors âgé de vingt et un ans. Elle avait entendu parler de lui après qu'il eut donné des concerts à Helsinki, où il étudiait. Il n'avait encore jamais dirigé en dehors de la Finlande. À Stockholm, l'orchestre l'a adoré, et l'a immédiatement reprogrammé. L'enthousiasme était si grand qu'on lui a proposé la direction artistique. En 1985, il a ainsi pris la direction de l'Orchestre de la radio suédoise. Voilà une belle histoire, non ? Ma mère avait immédiatement cru en lui, et elle avait été visionnaire. Je pense toujours à elle quand je vois Esa-Pekka diriger.

Nous parlons de votre enfance en Suède. Impossible de ne pas évoquer la grande figure culturelle de cette époque, l'homme de théâtre et cinéaste Ingmar Bergman. L'avez-vous connu ?
Il m'arrivait de contrôler ses tickets de concert dans la salle où je faisais un job étudiant… En effet, à la rentrée scolaire de 1971, j'avais demandé au Konserthuset si je ne pourrais pas être ouvreur. Je m'étais dit que comme de toute façon je sortais au concert quasiment tous les soirs, autant en profiter pour en faire un travail rémunérateur ! J'ai eu de la chance : on m'a répondu "oui" et j'ai eu la responsabilité du premier rang à droite. Un des plus grands habitués était justement Bergman. Il aimait beaucoup la musique et y venait au moins deux ou trois fois par mois. Ses connaissances en la matière étaient remarquables. Elles dépassaient largement le cadre de l'amateur éclairé. Quelques fois, à l'entracte, j'ai eu l'occasion d'échanger avec lui sur ce que

nous venions d'entendre. Une fois, il est venu au concert avec l'un de ses étudiants, Göran Järvefelt, qui est devenu un bon ami. Göran avait débuté comme acteur et s'est ensuite tourné vers la mise en scène, essentiellement d'opéra. J'ai eu la chance qu'il puisse souvent m'inviter voir des répétitions et des représentations au Dramaten (le Théâtre Royal), que Bergman dirigeait. Il m'a initié à de nombreuses pièces d'Ibsen et Strindberg, et m'a fait lire de nombreux livres. Je me souviens d'un truc qu'il m'avait enseigné et qu'il tenait de Bergman : "Avant de rentrer sur scène, l'acteur doit prendre une grande respiration, par le nez. Ainsi, l'oxygène monte rapidement au cerveau et vous fouette un bon coup !" J'y pense encore quand je dois monter sur scène. Göran a réalisé un magnifique début de carrière à l'Opéra de Paris, au Met de New York, à Santa Fe, et à la télévision. J'étais son agent, mais il est malheureusement mort très jeune, à quarante-quatre ans, d'une tumeur.

Pour beaucoup d'étrangers comme moi, Bergman est un symbole de l'âme suédoise. Et pour vous ?

D'abord je dois avouer qu'à cette époque, je le connaissais surtout comme célébrité, je n'avais pas encore vu ses films. J'étais bien trop jeune pour comprendre la profondeur et la puissance de son génie, évidemment. C'est venu plus tard. Son art est essentiel et, en effet, très suédois. Impossible de le nier. Il a su comme peu d'autres percer l'âme suédoise. Il est connu dans le monde entier, mais a finalement très peu voyagé, car il ne parlait aucune langue étrangère. Sven Nykvist[1], le directeur de la photographie des films de Bergman, vivait tout près de chez nous avec sa femme et ses deux garçons. Gustav, le plus vieux d'entre eux, était mon meilleur ami quand nous étions très jeunes. Bergman était partout, mais je ne savais pas qui il était. En 1976, il a quitté la Suède pour Munich, pour protester contre l'État. Le fisc suédois était devenu fou à cette époque : Bergman devait payer 98 % d'impôts sur ses revenus ! Il était au bord de la faillite et ne pouvait plus rester… Mais cette période munichoise, pourtant très

1. Sven Nykvist (1922-2006) a travaillé avec Bergman à partir de *La Nuit des forains*, en 1953. Il a obtenu l'Oscar de la meilleure photographie pour deux films de Bergman, *Cris et chuchotements* en 1973 puis *Fanny et Alexandre* en 1984.

confortable pour lui, a été très malheureuse[1]. Au fond, il avait besoin de ce que j'appellerais faute de mieux "la tension suédoise", cette nécessité de lutter contre des règles strictes et une société en partie hostile. En Allemagne, il était vénéré comme un dieu et pouvait faire ce qu'il voulait, et cela ne l'a pas inspiré. Son austérité, sa force aussi, sont si typiquement suédoises…

Quand avez-vous perdu vos parents ?
Mon père est mort le 11 novembre 1987. Il avait eu un AVC un mois avant. Il avait soixante-dix-huit ans. Il n'est donc pas parti très vieux, mais à la fin il avait du mal à marcher et avait mis de côté la sculpture pour se consacrer essentiellement à la peinture. Après mon installation en Suisse, il n'a pas pu venir me voir. Cependant nous étions toujours très souvent en contact et il suivait tout ce que je faisais, comme avant. Au fond, mon père aura été pour moi un guide spirituel. Il n'a jamais suivi mon éducation dans le sens traditionnel. Jamais il ne m'aura demandé de me brosser les dents ou d'aller au lit. Mais plutôt : "As-tu lu cela ? Que penses-tu de telle chose ?" Il m'a toujours inspiré.

Quid de votre mère ?
Ma mère était plus du côté "lavage des dents" ! Elle a survécu longtemps à mon père, puisqu'elle est morte en décembre 2012, à l'âge de quatre-vingt-quatorze ans. Mon père était de 1909, ma mère de 1918. Ce fut pour moi une mère juive jusqu'au bout. Enfin, jusqu'à l'âge de quatre-vingt-neuf ans, après quoi elle a malheureusement eu des symptômes de démence. Sa mémoire s'est beaucoup dégradée avec le temps. Elle se méfiait des gens, ne répondait plus lorsqu'on sonnait à sa porte, même si elle attendait de la nourriture ou de l'aide. Elle sortait se promener et oubliait où elle habitait. L'angoisse ne me quittait plus : je vivais dans l'attente, chaque jour, d'un appel téléphonique de ses voisins. Je devais faire quelque chose. En dehors

1. Le 22 avril 1976, Bergman a publié par voie de presse une lettre ouverte dans laquelle il explique ses démêlés avec le Trésor public et annonce qu'il quitte la Suède. Il se rend d'abord à Paris, mais la pression médiatique dont il y fait l'objet l'engage à changer ses plans. Il s'installe finalement à Munich pendant neuf ans. Il y monte une dizaine de pièces au Residenztheater et y tourne notamment *L'Œuf du serpent*. Il renoue avec la Suède en 1982, pour y tourner son chef-d'œuvre *Fanny et Alexandre*.

de Stockholm existait la Maison juive, que ma mère avait visitée à plusieurs reprises et aimée. Ce n'était pas facile d'y accéder, il y avait une liste d'attente. J'ai finalement reçu un appel le 21 mars 2008 me disant qu'un appartement s'était libéré pour elle, mais je n'avais qu'une semaine pour organiser son installation. Mon beau-frère Stefan et mes neveux m'ont aidé. J'ai pris un avion pour Stockholm et suis arrivé le mardi suivant. Ma mère était très heureuse de me retrouver et de passer du temps avec moi. Le transfert à la Maison juive était prévu le vendredi. J'ai dit à ma mère que nous nous lèverions tôt, irions voir des amis, ferions des courses, irions aussi voir la sépulture de mon père. Lorsque nous avons quitté son appartement et sommes montés dans la voiture, j'ai aperçu Stefan et ses fils dans le rétroviseur. Ils ont réussi en six heures à déménager l'appartement de ma mère et à installer ses peintures, sculptures, livres, meubles, vêtements et plantes à sa nouvelle adresse. Dans l'après-midi, je lui ai expliqué que nous devions aller à la Maison juive à cause d'une fuite dans son appartement, et qu'elle devrait y rester un certain temps. Elle n'a pas vraiment compris ce qui se passait. À l'arrivée, le personnel se trouvait dans l'entrée pour l'accueillir et elle en était très heureuse. Lorsqu'elle est arrivée dans son appartement, elle était déboussolée. Cela ressemblait beaucoup à son quotidien... Une demi-heure plus tard, Stefan, Joshua et David sont arrivés avec des gâteaux. Elle ne pouvait pas être plus heureuse, avec sa famille autour d'elle. À 16 heures 30, Blythe m'a appelé pour me dire qu'elle venait de donner naissance à Rania – un mois plus tôt que prévu. J'en ai parlé à ma mère, qui a compris, j'ai foncé à l'aéroport et suis rentré à la maison. Ce jour-là, le 28 mars 2008, je ne l'oublierai jamais.

Avant cela, comment avait été votre mère ?
Elle avait été la reine du Verbier Festival, y venant tous les ans, aux concerts et aux tournées. Tout le monde la connaissait. C'était vraiment très sympa. En outre, comme elle connaissait très bien la musique, elle était très critique, beaucoup plus que moi, au sujet des interprétations. Elle pouvait me dire : "Mais comment as-tu pu laisser jouer ça ? Comme ça ?" OK. Elle avait peut-être raison. Mais on ne doit pas oublier qu'un programmateur a plusieurs raisons de proposer un concert : une demande de l'artiste, du public, etc. Il y a souvent des compromis, même si je ne programme que

rarement un concert qui n'a pas sa place parmi un ensemble. Ma mère était passionnée et c'est l'essentiel dans la vie, non ?

Et votre sœur Marion ?
Elle a vécu une dépression sévère pendant des années et n'arrivait pas à en sortir. Marion s'est finalement suicidée le 21 août 1991. Nous étions encore ensemble avec nos familles quelques jours avant, à Elmau. Elle ne partageait pas ses moments les plus noirs avec moi, mais je sentais que quelque chose la faisait souffrir. Évidemment, je regrette de ne pas avoir passé plus de temps avec elle à cette période. Peut-être aurais-je pu l'aider. Nous n'habitions plus ensemble depuis vingt ans, mais nous nous voyions et nous parlions régulièrement au téléphone. Elle avait un mari très aimant et deux jeunes garçons – tout allait bien, sur le papier. Mais sa dépression l'a emportée. Ma mère, comme on peut s'en douter, était dévastée. Stefan, mon beau-frère, complètement perdu. Comment s'en sortir ? Avec David, mon filleul de sept ans, et Joshua, neuf ans ? Heureusement, Stefan a trouvé une personne merveilleuse qui est venue l'aider à régler les différents problèmes domestiques. Des amis de Marion sont venus aider. Ma mère aussi, dans la mesure où le vide, pour les garçons, était immense. Le deuil était impossible et il fallait tout de même aller de l'avant. Chacun comme il pouvait, avec son chagrin. Le plus important était de garder la famille soudée. J'ai une immense admiration pour Stefan qui est si bien parvenu à élever ses enfants.

Au fond, Marion était quelqu'un qui a passé sa vie à chercher. Une simple amitié n'avait pas de sens pour elle. Elle devait "sentir" profondément la personne en question. Elle attendait la vérité, l'honnêteté, de manière absolue. Être ensemble était parfois difficile. Nous étions si différents… Marion aimait me provoquer et me faire sortir de ma zone de confort. Pour elle, la méditation représentait un silence intérieur dont elle avait besoin. Elle avait initié toute sa famille et j'imagine que ça les a en partie sauvés dans ces années si éprouvantes.

La famille aura beaucoup compté dans votre vie.
Oui. Laissez-moi vous raconter un moment très fort. À l'été 1985, Leonard Bernstein avait organiser une tournée *("Journey for Peace")* avec l'Orchestre des jeunes de la Communauté européenne afin de marquer le quarantième

anniversaire des bombardements sur Hiroshima. Elle passait par Athènes, Budapest, Vienne et Hiroshima. Mais elle débutait à Varsovie. Parmi les œuvres dirigées pour l'occasion par Lenny figurait sa propre *Symphonie n° 3, "Kaddish"*, pour laquelle il avait invité à chanter Barbara Hendricks. J'ai accompagné Barbara pendant la tournée et eu la chance de passer du temps avec Lenny. Le jour du premier concert à Varsovie, j'ai organisé une expédition en voiture avec un chauffeur à Oświęcim, où se trouve le camp d'Auschwitz-Birkenau. J'y suis arrivé peu après 9 heures du matin, réveillé par le chauffeur qui me montrait l'entrée. J'ai reconnu la pancarte indiquant *"Arbeit macht frei"*. Il n'y avait personne. Mis à part notre voiture, le parking était totalement vide. Pas de contrôle à l'entrée… Rien. Je me suis avancé, sans trop savoir où aller. Tout ce que j'avais lu à propos d'Auschwitz commençait à me revenir en tête et un sentiment d'angoisse montait en moi. J'avais l'impression que l'endroit venait d'être abandonné. Il y avait de nombreux bâtiments de brique, tous identiques. Je me suis approché dc la porte de l'un d'entre eux. Elle était ouverte. Je suis entré et j'ai vu des lits en bois superposés. Bien sûr, ils étaient vides, mais j'ai eu le sentiment qu'ils venaient juste d'être abandonnés. Je n'avais jamais eu dans ma vie cette sensation d'être ainsi entouré de fantômes. J'ai vu un escalier qui descendait vers une grande pièce fermée par de grosses portes. J'ai immédiatement compris que c'était une chambre à gaz. Il y avait des douches au plafond, mais aucune eau n'en est jamais sortie. Je me suis assis et me suis mis à pleurer. C'était fou de se retrouver seul entouré de ces murs qui hurlaient. Il y avait encore des marques faites avec les ongles. Tout en haut il y avait aussi de petites fenêtres. J'ai quitté le bâtiment et me suis rendu compte que la pièce proche de la chambre à gaz était celle des fours crématoires. J'ai eu la nausée et je ne savais plus quoi faire. Une nouvelle fois je me suis assis et j'ai fermé les yeux. Pendant tout ce temps j'avais été seul. J'ai imaginé ce que cela avait dû représenter d'arriver là quarante ans plus tôt. Je suis entré dans d'autres bâtiments et suis allé à la station de train de Birkenau, où les Juifs arrivaient. J'ai quitté Auschwitz au début de l'après-midi afin d'être à l'heure pour assister au concert de *Kaddish*. Je n'ai jamais oublié ces quelques heures. Bien des années plus tard, j'ai travaillé à mon arbre généalogique. J'ai trouvé plus de seize mille personnes appartenant à ma famille – et je n'ai pas terminé l'enquête. Du côté de mon père cela remonte à 50 après J.-C. Du côté de ma mère j'ai retrouvé des ancêtres jusqu'à 1540, ce qui n'est pas mal pour une famille juive. J'ai aussi découvert que quelque deux cents membres de ma famille avaient été tués à Auschwitz, Treblinka, Sobibor, Riga et d'autres camps. La sœur de mon grand-père, Elisabeth, était la personne la plus proche.

DIETRICH FISCHER-DIESKAU

Ma mère aimait surtout la voix et le répertoire du lied en particulier. Je ne sais pas trop comment, elle était devenue très proche d'Irmgard Poppen[1], la première épouse de Dietrich Fischer-Dieskau. Elles ont dû se connaître pendant une tournée du maître en Suède. Quoi qu'il en soit, leur amitié était très forte, car elles s'appelaient et s'écrivaient constamment. Nous avons même passé deux été ensemble, en famille. Tragiquement, Irmgard est décédée en couche à la naissance de Manuel en 1963. Ma mère, je m'en souviens, a été bouleversée.

J'étais proche de leur fils Martin, né en 1954. Nous partagions – sans doute par la volonté de nos mères – le même prénom, et il était né le même jour que ma mère. Des signes de notre proximité ! Il était un peu comme mon frère, ou mon meilleur ami, pendant de nombreuses années. Nous avons souvent voyagé ensemble dans notre jeunesse, avant de nous éloigner, sans jamais nous perdre de vue. Il avait créé un ensemble musical, Das Junges Ensemble für Musiktheater (en 1974) et il a monté l'opéra de Haydn, *Il mondo della luna*, avec ses frères. Martin dirigeait et j'ai organisé leur venu au théâtre du château de Drottningholm et au Festival d'Helsinki. Ma première "tournée" en quelque sorte. Martin était un ami cher, quelqu'un de brillant et de travailleur, mais il n'était pas facile. Pas du tout ! Je crois que son père a été pour lui plus un poids qu'autre chose. Lorsque

1. Née en 1923, la violoncelliste Irmgard Poppen avait épousé Dietrich Fischer-Dieskau en 1949.

Martin s'était lancé dans la direction d'orchestre, son père lui a dit : "Un seul chef, cela suffit dans la famille !" À cette époque Dietrich Fischer-Dieskau avait commencé à abandonner le chant pour la direction. Pas très encourageant pour son fils… En fait, ils n'ont réellement communiqué qu'à la fin de la vie du père. C'est triste, mais c'est ainsi.

Tout au long de sa vie – il est mort en mai 2012 –, je suis resté proche de Dietrich Fischer-Dieskau. Nous continuions à le voir très souvent, et il aura été pour moi comme la figure tranquille d'un oncle. J'ai organisé mon premier "gros" concert à Stockholm avec lui, en février 1977. Wolfgang Sawallisch l'accompagnait dans *Le Voyage d'hiver* de Schubert. J'avais tout réalisé moi-même, des affiches de promotion aux contrats et au programme. Fischer-Dieskau m'avait encouragé à le faire, et il avait accepté mon arrangement habituel, 80 % des bénéfices pour les artistes, et 20 % pour moi. Il est arrivé la nuit précédente, avec sa femme Julia Varady et le chef et pianiste Wolfgang Sawallisch. Le lendemain matin, je suis allé les chercher à leur hôtel, le Grand Hotel, et nous avons fait quelques pas vers le Konserthuset. Les répétitions débutaient à 11 heures et j'y tournais les pages pour Sawallisch. Le cycle *Le Voyage d'hiver*, comme chacun sait, est constitué de vingt-quatre lieder ; Fischer-Dieskau commençait à tous les chanter puis… s'arrêtait brusquement au bout de quelques mesures seulement ! Wolfgang Sawallisch était très énervé… et de plus en plus, au fur et à mesure de la répétition. Il a fini par exploser, en disant que c'était la première fois qu'ils donnaient ensemble *Le Voyage d'hiver* et qu'ils devaient répéter chaque lied en entier, au moins une fois. Dieter a simplement répondu que c'était… "impossible" ! Selon lui, la répétition devait juste mettre au point le tempo. Il estimait qu'ils connaissaient suffisamment le cycle de Schubert tous les deux pour ne pas avoir à discuter de l'interprétation… La répétition s'est rapidement interrompue et j'ai raccompagné les artistes à l'hôtel. Finalement, le concert était complet et Dieter a chanté rien moins que six bis. Les artistes ont signé des autographes et tout cela s'est terminé par un excellent dîner chez mes parents…

Bien plus tard, en 1999, je suis arrivé à la direction artistique de Deutsche Grammophon et mon premier appel à un artiste a été pour lui. Je me revois dans mon bureau, à Hambourg. Je lui explique ce qui se passe pour moi, non sans une certaine fierté, et il me répond, tout de go : "Très bien, je veux enregistrer l'intégrale des *Symphonies* de Schubert". J'étais abasourdi et je lui ai dit : "Je ne t'appelle pas pour cela – Ah ? Mais pourquoi alors appelles-tu ? – Eh bien, parce que je pensais que tu serais heureux pour moi. Tu me connais depuis l'âge de quatre ans… Ne pouvais-tu pas dire, tout simplement, « bravo » ? – Ah… ! D'accord, oui, je suis très heureux pour toi", a-t-il finit par dire. J'étais très énervé et j'ai alors raccroché. Je l'ai rappelé une heure plus tard et lui ai dit : "Oublions ce que nous venons de dire. Je sais que tu ne chantes plus, mais j'aimerais produire un enregistrement de mélodrames *[œuvres musicales avec récitant]* avec toi. De Strauss, Schumann ou Ullmann. – Oui, très bien, je peux faire cela." Nous l'avons enregistré à Berlin, et c'était très émouvant. Je dois avouer que j'ai fait cela, égoïstement, pour moi avant tout, afin de célébrer quarante ans d'amitié entre ce grand musicien et ma famille.

II

FORMATIONS

On ne vend pas la musique, on la partage.

LEONARD BERNSTEIN

Enfant, vous aimiez déjà la musique. Quand avez-vous débuté son apprentissage ?
À l'âge de dix ans. J'ai détesté le professeur, que je voyais dans son appartement proche du nôtre. Aucun talent de psychologie, aucun plaisir... C'était vraiment la vieille école, dont le but semblait, pour l'élève, de prendre le piano et le solfège en horreur ! Je ne me suis pas découragé pour autant. À seize ans, je pouvais déchiffrer et jouer convenablement.

Et à l'école ?
À l'école, c'était une autre histoire. J'ai beaucoup aimé Kristofferskolan, l'école Steiner où j'ai étudié entre 1962 et juin 1972. Nous n'avions pas de livres de classe. On nous poussait à penser par nous-même et à développer notre créativité. Mon principal professeur était Bengt Ulin. Il a été un grand soutien pour moi durant mes dix années à Kristofferskolan. Notamment parce qu'il aimait la musique classique et qu'il s'est intéressé à mes activités extrascolaires dans ce domaine.

Tous les mois avait lieu ce que nous appelions la "Månadsfest", ce qui voulait dire que la classe devait montrer aux autres quelque chose que nous avions travaillé. C'est ainsi que j'ai joué en public le *Concerto en ré majeur* de Haydn avec l'orchestre de l'école, et plus tard un trio, toujours de Haydn, avec des camarades. Une année nous avons présenté *La Nuit des rois* de Shakespeare, où j'ai joué le rôle d'Orsino.

Avez-vous poursuivi les études de piano ?
Non, et je m'en réjouis !

Pourquoi ?
Eh bien, parce que je n'avais pas un talent fou et que, si j'avais insisté, je serais certainement devenu un professeur de piano frustré, enseignant dans quelque province suédoise reculée, voilà pourquoi !

Pour quelle raison avez-vous laissé tomber, à l'époque ?
Sur le moment, j'étais comme mon père : j'avais un grand trac en public et j'avais du mal à supporter d'être sur scène. J'étais socialement à l'aise, je pouvais parler à n'importe qui, mais il m'était impossible d'affronter un public en tant que musicien.

Étonnant pour un homme qui aura passé sa vie à pousser les artistes sur scène !
Est-ce si étonnant ? J'avoue avoir toujours du mal à me sentir à l'aise sur scène – je le fais parce que j'y suis obligé. En mars 1994, j'étais là, avec Yves Paternot, qui tentait de me convaincre de produire un discours pour le lancement du Verbier Festival l'été suivant. Il pensait qu'il me fallait, en tant que fondateur, entraîner les autres – les artistes, les bénévoles, les équipes, les mécènes, le public –, leur expliquer la direction que je voulais prendre afin qu'ils puissent la suivre dans les années à venir. "Oh non… Il a raison !", me suis-je dit… J'ai donc débuté, très en avance, la préparation de mon discours. Je me suis alors demandé si je devais l'apprendre par cœur – trop risqué – ou bien préparer de petites fiches – comme Ève Ruggieri qui procédait ainsi à la télévision française ? Devais-je prendre ces notes à la main ? Ou bien les poser sur un pupitre ? Et le micro ? Devait-il être fixe ? Devais-je le prendre à la main ? Toutes ces questions m'ont obsédé pendant des mois et j'ai répété, encore et encore, ce discours. C'était pire que si j'avais eu à jouer, mettons, la *Sonate "Hammerklavier"* de Beethoven ! Enfin, le jour J, j'étais prêt. Tout allait bien se passer, j'en étais sûr, jusqu'à ce que quelqu'un décide que j'avais besoin de lumière supplémentaire sur

scène au moment où j'allais parler. Et là, *patatras*... J'étais planté sur scène comme un imbécile, avec des spots surpuissants en pleine figure et je ne pouvais rien lire ! Je n'ai aucun souvenir de ce que j'ai bien pu improviser alors... J'ai parlé sans réfléchir. Je me souviens très bien des réactions une fois que je suis descendu de scène : "Martin, qu'est-il arrivé ?" Tout le monde me posait la même question horrible ! J'étais tellement embarrassé... Mais on apprend par nos propres erreurs.

Comment s'est développé votre talent d'organisateur de concert ?
Cela a débuté à l'âge de quatorze ans, en 1967. Un de mes amis, le pianiste Dag Achatz, m'a demandé si je ne pouvais pas organiser quelques concerts pour lui. Un récital par exemple. Or notre école avait une sorte de hall avec une scène, dans lequel se tenaient nos différents événements. J'ai demandé à la direction de notre école si je pouvais l'emprunter et j'ai proposé à Dag un *deal* simple : nous partagerions les éventuels bénéfices, 80 % contre 20 %. Il a accepté et je me suis, avec grand plaisir je dois dire, occupé du reste. Je n'avais aucune idée de la manière dont le concert pouvait se passer, mais finalement il y a eu un peu de monde, dans les trois cents personnes, et nous avons gagné un peu d'argent. Pas mal lorsque l'on a quatorze ans ! Je me suis dit : "Bien... Plutôt facile... Voilà une occupation qui me plaît !"

Quelques années plus tard, j'ai organisé une série de musique de chambre dans le Musée national de Stockholm. Ils avaient une scène et un Steinway et je leur ai proposé une série intitulée "Jeunes Solistes suédois", des récitals de débutants prometteurs. Six par an, le dimanche après-midi. Ce n'était pas toujours plein, mais la série est devenue assez populaire. J'ai appliqué le même arrangement que lors de mon premier concert à l'école Steiner : un partage des bénéfices, 80 % pour l'artiste, 20 % pour moi après avoir couvert les coûts du concert. J'ai fait cela pendant deux saisons avant que quelqu'un d'autre ne reprenne l'organisation de ces concerts.

Comment devient-on un "professionnel" de la musique ?
Antal Dorati avait compris mon appétence pour l'organisation de concerts et pour le monde de la musique. Lui et sa femme Ilse étaient des amis intimes de mes parents. Quand j'ai eu seize ans, il m'a demandé – il avait une idée derrière la tête ! – ce que je faisais pendant les vacances. Je n'avais

aucun plan de prévu pendant les trois mois que nous avions de libres. C'était toujours un problème, d'ailleurs. Nous n'avions pas de maison de vacances, ni de voiture. Que faire pendant trois mois ? Cette période d'été était le couronnement de l'année, mais mes parents se retrouvaient fort dépourvus pour nous occuper, ma sœur et moi. Ma tante ayant une ferme où elle élevait des dindes à Gnesta, à l'extérieur de Stockholm, je m'y suis retrouvé jusqu'à mes quinze ans, jusqu'à devenir quasiment allergique à la viande de dinde, à force… Bref, j'étais ouvert à toute nouvelle proposition pour l'été !

"Très bien, m'a alors dit Dorati. Tu vas aller à Londres. Là, il y a une agence, appelée Ingpen and Williams, je vais voir si tu peux faire un stage chez eux. Tu verras, c'est une vieille agence ; tu apprendras à travailler et ce sera bon pour ton anglais." Tony a appelé Howard Hartog, le propriétaire de l'agence en question, et je me suis retrouvé à Londres. Ma première surprise a été de constater à quel point les bureaux étaient désorganisés : il y avait des papiers et des archives absolument partout ! J'ai aidé à trier et à ranger tout cela dans des classeurs. Je répondais au téléphone et remplissais tout un tas de petites tâches. Je suis aussi allé chercher les artistes à leur avion pour les conduire à l'hôtel : j'ai ainsi eu la chance de rencontrer Adrian Boult, Pierre Boulez, Joan Sutherland et bien d'autres. Je prenais le métro jusqu'à l'aéroport et ensuite un taxi avec les artistes. Je leur donnais leur planning de répétition et leur demandais s'ils avaient besoin de quoi que ce soit de particulier. J'ai fait à peu près le même travail à Stockholm.

Comment viviez-vous à Londres ?

Je logeais dans un endroit au nom exotique, le London Musical Club, choisi pour moi par M. Hartog. De nombreux jeunes artistes avaient l'habitude d'y résider, comme Martha Argerich, Nelson Freire, Stephen Kovacevich ou Fou Ts'ong. Il y avait deux immeubles et une cantine, bien situés dans le quartier d'Holland Park. J'y partageais une chambre avec un baryton coréen et un violoncelliste péruvien. Au London Musical Club, il n'y avait pas de règles précises sur les heures de répétitions, si bien que l'on entendait de la musique à toute heure du jour et de la nuit. C'était très agréable. En revanche, la médiocrité de la nourriture y était tellement révoltante que je m'en souviens encore ! Ces deux mois ont été très formateurs. C'était la première fois que j'avais l'occasion de vivre dans une des grandes capitales du monde. J'ai pu en outre assister à de nombreux concerts de légendes de l'époque, comme Georg Solti. Impressionnant pour un gamin suédois de seize ans seulement !

Il faut ajouter à cela l'ambiance excentrique au bureau, où le patron, Howard Hartog, n'utilisait aucune formule de politesse au téléphone, ne disant jamais "bonjour", ni "merci" ou "au revoir". Même à Boulez ou Solti ! Il fumait des cigares toute la journée et s'occupait de ses huit chats, tandis que sa femme, qui était pianiste spécialisée dans le répertoire d'avant-garde, s'exerçait dans l'appartement situé au-dessus de leur bureau. Une sacrée ambiance ! Je n'avais jamais vu ça. C'était un peu déstabilisant, mais j'ai adoré. En rentrant en Suède, j'étais un peu plus encore convaincu de vouloir consacrer ma vie à la musique classique.

Et ensuite ?
À dix-huit ans, j'ai terminé ma scolarité à l'école Steiner et, avant d'aller à l'université, j'aurais dû faire le service militaire. Je n'avais pas vraiment envie de me retrouver avec n'importe qui dans la forêt et de ramper en attendant un ennemi imaginaire pendant une année entière… Je voulais m'engager dans la musique, pas dans l'armée ! Les choses étaient très claires pour moi. Je suis tout de même allé passer l'examen médical, car je ne voulais pas montrer ouvertement ma contestation. Peu après, j'ai reçu une convocation qui indiquait que j'avais été "choisi" pour défendre la Suède dans le Grand Nord – là où il ne fait jour que trois mois par an et où il fait terriblement froid ! – et que je devais me présenter avant le 1er septembre 1972. Ce n'est pas le service militaire en soi qui m'a alors fait quitter la Suède. C'est le sentiment de perdre mon temps. Depuis l'adolescence, j'avais acquis une certaine conscience du temps, et je savais qu'il ne revenait pas. Il existe une expression en suédois – *"tidsfördriv"* – qui signifie passe-temps, et qui me rendait fou. Je ne comprenais pas mes amis qui avaient des passe-temps. Je dois dire que je n'ai pas changé à ce sujet après toutes ces années.

Revenons à 1972. Qu'avez-vous fait ?
Une nouvelle fois, j'ai appelé Tony Dorati. Je lui ai demandé s'il connaissait quelqu'un qui aurait besoin d'un collaborateur dans le secteur du management

de la musique. Il ne lui a fallu que quelques jours pour me trouver un job à Londres, qui m'a permis d'échapper à l'armée. Il avait parlé à Emmy Tillett, qui cherchait une personne susceptible de l'aider dans la division "étranger" de son agence Ibbs and Tillett. Une autre entreprise londonienne vénérable ! C'était une excellente école, qui avait formé de nombreux agents. J'ai passé un entretien au téléphone et j'ai été engagé pour une période d'un an, ce qui me permettait de repousser d'autant le service militaire.

En septembre 1972, jusqu'en juin 1973, j'étais donc à nouveau à Londres. Grâce à des amis d'amis, je suis entré en contact avec une dame russe, Vera Rainey, qui louait des chambres pour les musiciens dans sa maison d'Holland Park. En fait, c'était plutôt un lit. Il y en avait deux ou trois par chambre, tous loués à des artistes. Cela coûtait 8 livres par semaine. Par temps froid, on devait mettre une pièce de 5 pence pour que le chauffage se déclenche. Même chose pour une douche chaude ! Nous avions tous un lot de pièces de cinq pence avec nous… Et malheur à nous lorsque nous n'avions pas de pièce ! Les matins étaient alors très froids.

Comment se passait votre mission à l'agence ?
Dès le premier jour, au 132 Wigmore Street, j'ai occupé le bureau de Martin Campbell-White, parti chez Askonas-Holt, une autre agence. Je devais m'occuper des concerts à l'étranger d'artistes anglais, des pianistes comme John Ogdon ou Clifford Curzon, ainsi que Shura Cherkassky et un jeune violoncelliste hongrois, Thomas Igloi. L'agence fonctionnait de manière très archaïque. Bien sûr, nous étions alors dans un monde d'avant le télex, le fax ou tout autre moyen de communication électronique… Imaginez-vous ? Je recevais par exemple un coup de fil du manager d'un orchestre européen qui me demandait si M. Cherkassky était disponible pour jouer avec cet orchestre à une certaine date. Je devais dire à la personne en question de patienter, courir dans un escalier et frapper à la porte de Mme Tillett. Elle avait une lampe à l'extérieur de son bureau. Verte, vous pouviez entrer. Sur une table jouxtant son immense bureau se trouvaient les agendas des différents artistes. Ils ne devaient *jamais* quitter son bureau. Je devais vérifier si M. Cherkassky était disponible ou non, redescendre à mon étage et reprendre le manager, forcément impatient, au téléphone. Si le pianiste n'était pas disponible, je devais demander une nouvelle date et tout

reprendre à zéro ! En outre, si Mme Tillett avait un client dans son bureau et que la lampe était rouge, je devais demander à mon interlocuteur de rappeler plus tard. Mme Tillett faisait très attention aux notes de téléphone…

C'est à cette époque que j'ai lu quelque part que lorsqu'on commence à construire sa vie professionnelle, il faut toujours se *représenter soi-même.* Ne jamais se cacher derrière une institution. Je me souviens l'avoir souvent dit à mes enfants et à mes neveux ; travaillez toujours en votre propre nom. Vous changerez probablement de travail plusieurs fois au cours de votre vie, il est donc important que vous emportiez votre identité avec vous.

En résumé, ces neuf mois furent, pour toutes ces raisons, inconfortables, mais incroyablement inspirants. Autant que je me souvienne, j'ai dû aller tous les soirs au concert. Mon salaire n'était que de 100 livres par mois, et j'ai vite trouvé le moyen de rentrer partout par l'entrée des artistes, même sans billet. Mon copain Mike Oldham était souvent avec moi et aller voir un concert sans billet était devenu notre sport favori.

Qui avez-vous alors entendu ?
De nombreux artistes que j'avais vus à Stockholm vivaient alors à Londres : Stephen Kovacevich, Radu Lupu, Jacqueline du Pré, le Quatuor Amadeus, Alfred Brendel… Je passais une partie de mon temps libre avec eux, à discuter, déjeuner, jouer au ping-pong ou aux échecs. Comme j'étais loin de chez moi (je n'avais jamais été absent aussi longtemps : neuf mois…), passer du temps avec ces connaissances diminuait mon mal du pays. Je voyais également deux jeunes pianistes, Jeremy Menuhin et András Schiff et, bien évidemment, Tony Dorati.

Comment était Londres à cette époque ?
En ces années 1972-1973, c'était sans doute la capitale mondiale de la musique. J'ai entendu diriger Otto Klemperer (il était porté sur scène par deux hommes très costauds qui l'installaient sur une chaise pour diriger), Leopold Stokowski dans le *Requiem* de Verdi avec Leontyne Price. Deux chefs qui avaient marqué le XXe siècle de leur empreinte et qui allaient bientôt disparaître. Également Olivier Messiaen et sa femme Yvonne Loriod, Maria Callas et Giuseppe Di Stefano, Arthur Rubinstein, Vladimir Horowitz, Rudolf Serkin et bien d'autres…

Certains récitals étaient étonnants. Un jour, je me retrouve à celui d'Arturo Benedetti-Michelangeli. Le Festival Hall était juste à moitié plein… Incompréhensible. Un tel pianiste ! Je demande pourquoi à mon voisin. Il me dit : "J'ai moi-même acheté des billets pour ses sept précédents concerts. Ils ont tous été annulés ! Personne ne croyait qu'il aller se produire sur scène aujourd'hui…" Le récital a été simplement phénoménal. En bis, Benedetti-Michelangeli s'est lancé dans une *Mazurka* de Chopin. Mais soudain, au bout de trente secondes, il s'est arrêté de jouer, s'est levé, a quitté la scène et n'est jamais revenu. Étrange, je vous disais…

Une autre expérience étonnante a eu lieu avec Friedrich Gulda. Il donnait un récital au Queen Elisabeth Hall avec des œuvres de Mozart, puis des compositions à lui. La première partie, consacrée à Mozart, s'est très bien déroulée. Ensuite, il a commencé une série d'accords étranges sur son piano et s'est mis à grogner. Deux jeunes femmes, au premier rang, se sont mises à rire, à la grande stupeur du pianiste. Il les a regardées, furieux, s'est levé et a quitté la scène. Quelques minutes plus tard, il est revenu et a repris depuis le début. Les mêmes causes produisant les mêmes effets, les deux femmes n'ont pas pu se retenir de rire à nouveau. Gulda s'est levé et a quitté la scène. Les femmes sont parties, et Gulda est revenu une nouvelle fois. Évidemment, la magie du concert n'a pas pu opérer… Je me souviens encore de Jacqueline du Pré interprétant Elgar. Elle avait du mal à tenir son archet, l'a même perdu une fois en jouant. J'ai su que c'était l'un de ses derniers concerts, alors que cette terrible maladie, la sclérose en plaques, prenait possession de son corps. Mais quelle belle personne et quelle incroyable musicienne elle était…

En Angleterre, vous avez eu le privilège de rencontrer le grand compositeur de l'époque, Benjamin Britten. Dans quelles circonstances ?

Par l'intermédiaire de mon ami George Malcolm. Il m'avait signalé un programme pour les jeunes, *"Hess Student"*, qui permettaient à dix étudiants en musique comme moi de participer au festival créé par Britten et son compagnon Peter Pears dans cette petite ville de la côte est, dans le Suffolk : Aldeburgh. J'ai notamment assisté à une représentation du dernier opéra du compositeur, *Death in Venice*, une œuvre crépusculaire, très touchante. Je suis allé *backstage*, j'ai vu Britten, mais Pears a voulu m'embrasser, en insistant assez lourdement ! J'ai fait de mon mieux pour l'éviter, en gardant un mauvais souvenir de ce moment pénible. Le lendemain, George Malcolm m'a proposé d'aller rencontrer Britten chez lui. Je pensais que, quoi qu'il se passerait, il me protégerait, et en effet tout s'est bien déroulé. Nous sommes allés à la Red House, la belle maison de Britten, avec de grands espaces ouverts sur l'extérieur. Le compositeur, assis dans une chaise roulante, a été très amical, me montrant les partitions sur lesquelles il travaillait, me posant de nombreuses questions. Je l'admirais énormément comme pianiste et comme chef d'orchestre. Comme compositeur aussi, mais je dois dire que sa musique me parlait moins que celle de son ami Dmitri Chostakovitch[1].

Et lui, l'avez-vous connu ?
Oui. À Londres, grâce à son fils chef d'orchestre Maxim, que j'avais rencontré à Stockholm. J'ai ainsi pu assister à la première européenne de la dernière symphonie de Chostakovitch, sa *Quinzième*, une œuvre testamentaire pleine de mystère. Maxim m'a prévenu que son père venait d'URSS pour y assister. La reine Elisabeth II était également présente. Après le concert, Chostakovitch a souhaité sortir et aller au restaurant. Il ne voulait absolument pas retourner à son hôtel ! Nous sommes donc sortis, avec des amis russes à eux. Mon impression ? Chostakovitch était alors un homme diminué, visiblement malade. Mais malgré sa timidité et son mutisme se dégageait de sa personne une grande intensité.

Qu'avez-vous retenu de ces expériences à Londres ?
J'avais acquis une certaine expérience, entre mes débuts spontanés à Stockholm, puis ces jobs à Londres. Je commençais à savoir travailler en compagnie des artistes, à leur service, ce qui n'a rien d'évident. J'ai aussi, pendant cette année passée chez Ibbs and Tillett, épluché avec passion leurs archives. Imaginez ! Des pages et des pages de correspondance avec Rachmaninov, avec Szigeti, avec Casals, avec Cortot… C'était incroyable.

1. Les deux compositeurs, malgré les difficultés politiques de la guerre froide, avaient réussi à nouer une réelle amitié. Leurs styles témoignent d'influences réciproques. Chostakovitch admirait particulièrement le *War Requiem* de Britten, à qui il a dédié sa *Symphonie nº 14*. Chostakovitch est mort en 1975, et Britten un an plus tard.

Au fond, que représentaient ces noms pour vous ? Seulement la célébrité ?
Non, ce n'est pas cela. Pas du tout. Depuis des années, je m'intéressais à la musique. À Stockholm, j'organisais des concerts, et j'étais devenu le tourneur de pages officiel des grands récitals, ceux de Gilels, Postnikova ou Ashkenazy. L'interprétation devenait pour moi un jeu, un savoir et un métier. Petit à petit, alors que j'étais encore très jeune, j'ai été amené à connaître de plus en plus d'artistes de renom. En même temps, je m'intéressais aux grands artistes du passé, peut-être plus encore. J'écoutais beaucoup de disques, j'en achetais aussi, et je me consacrais aux légendes comme Bruno Walter ou Evgeny Mravinski, plus qu'aux artistes de l'époque comme Lenny Bernstein ou Herbert von Karajan. Je lisais de nombreuses biographies de grandes personnalités – à dire vrai, cela m'a toujours plus intéressé que les romans. Pourquoi ? Je ne sais pas vraiment… Sans doute avais-je besoin de la profondeur et du sérieux de Bruno Walter ou d'Evgeny Mravinski. J'aimais le fait que la musique classique, pour certains artistes, était une question de vie ou de mort. Clifford Curzon était ainsi lui aussi. Il avait deux tourneurs de pages officiels, Charles Kaye et Mike Oldham. J'étais leur remplaçant. Mike a continué comme tourneur de pages. Les partitions de Curzon étaient de véritables arcs-en-ciel : chaque couleur avait un sens différent et pour tourner les pages il fallait vraiment être dans la confidence et avoir la confiance de Curzon. Je me souviens que Brendel n'allait jamais enregistrer sans Mike. Curzon et Brendel, comme bien d'autres pianistes, étaient anxieux, et avaient besoin de quelqu'un de rassurant assis à côté d'eux. Clifford Curzon et moi avons longtemps correspondu, il a beaucoup compté pour moi. Je l'ai tellement vu souffrir avant de monter sur scène… C'était terrible. Tout son corps refusait l'épreuve du concert. Un peu comme Glenn Gould. Quelques heures avant, il devenait rouge, son nez coulait énormément – il avait froid. Il en était paralysé. Une fois, je lui ai demandé pourquoi il s'infligeait cela… Il n'avait pas besoin de travailler, sa femme était aisée. Il avait une famille avec des enfants… Alors oui, pourquoi s'infliger cet enfer ? Il répondait : "Mais je le dois." Et chacun de ses concerts était merveilleux, le son qu'il produisait était un miracle pour le public. Et c'est certainement cela – pour répondre à votre question de départ – qui me fascinait tant. Ces paradoxes incroyables, insoutenables, entre cette misère et ces prodiges. Comment expliquer cela ? Quelle est

la raison de ces miracles ? C'est tellement humain au fond. Et mystérieux en même temps… Car si loin de moi. J'étais fou d'admiration pour ces personnes si courageuses. Souffrir autant pour l'art, d'accord, mais dans quel but ? Pour le public ? Pour le compositeur ? Pour soi-même ? Pour l'argent ? Mais dans ce cas ce n'est qu'un travail. Si vous prenez le cas de Glenn Gould, il a renoncé à beaucoup d'avantages, notamment financiers, en arrêtant les concerts[1]…

Avec le recul, et avec l'âge, je me rends compte qu'avoir vécu ainsi, un pied dans le passé et un autre dans la réalité du monde qui était le mien, a été une chance. Tout cela a forgé en moi, au plus profond, un sens de l'exigence et de la qualité. J'ai pu avoir dès le départ des standards élevés, des références pour la vie entière.

Vous avez mentionné le plus grand chef d'orchestre soviétique, Evgeny Mravinski. D'une manière générale, vous avez un rapport étroit avec les artistes russes. Comment cette histoire avec la Russie a-t-elle débuté ?
À la fin des années 1960, au plus profond de la glaciation soviétique, vivaient des artistes du calibre de Gilels, Richter, Oistrakh, Kogan, Rostropovitch, Mravinski… Ils voyageaient peu en Occident, et les quelques enregistrements qui nous parvenaient laissaient entendre des personnalités hors du commun. On connaissait leur nom, mais guère plus en fait. Or il existait en Suède un bureau de concert – le concurrent de celui où travaillait ma mère – dirigé par Henrik Lodding et basé à Göteborg, comme je l'ai déjà expliqué. Lodding était un homme agréable et joyeux, en plus d'être très *successful*. Il avait une grande culture et parlait toutes les langues. Or Lodding était tombé amoureux de ma sœur Marion. Il l'invitait très souvent aux concerts et aux dîners avec les grands artistes qui passaient par Stockholm. Mes parents et moi étions souvent de la partie. Marion nous demandait de venir car elle ne souhaitait pas se retrouver seule avec Lodding et les artistes !…

1. Après avoir donné de très nombreux concerts et effectués plusieurs tournées, Glenn Gould a définitivement quitté la scène à l'âge de trente-deux ans, à Los Angeles, le 10 avril 1964, afin de se consacrer aux enregistrements en studio et à la réalisation d'émissions de radio et de télévision.

La Suède était l'un des rares pays où les musiciens soviétiques pouvaient se produire régulièrement, avec la Finlande et, à un degré moindre, l'Italie. Une agence – Gosconcert, à Moscou – organisait toutes les tournées. Lodding parlant couramment russe, il a pu organiser la venue en Suède de nombreux artistes. Il s'était porté garant auprès des Soviétiques, promettant que personne parmi eux ne déserterait. Il s'était aussi engagé auprès de Gosconcert, l'administration qui organisait les tournées, à verser des cachets élevés. Gosconcert recevait l'intégralité des cachets en monnaie de l'Ouest *("valuta")* et versait 10 % aux artistes en roubles. Mais Lodding avait monté un système de double contrat où les artistes, une fois en Suède, recevaient de l'argent en plus directement de sa main, en dollars.

Comme il était basé à Göteborg, il avait besoin d'un assistant pour s'occuper de la logistique à Stockholm – par exemple aller chercher les artistes à l'aéroport et les conduire à leur hôtel. Je touchais ainsi un peu d'argent de poche (100 couronnes, je m'en souviens encore !), ce qui était une vraie chance pour moi, puisqu'à la maison je ne pouvais rien avoir. Je devais avoir quinze ans au moment de mon premier engagement avec lui ; alors tout cela dépendait de ma disponibilité, en fonction de l'école...

Un jour je me retrouve *backstage* à un concert de Clifford Curzon au milieu de dizaines de personnes. Il sort de sa loge et je l'entends crier "avec lui", me désignant de manière insistante. Lorsque nous nous sommes retrouvés seuls, je lui ai demandé ce qui venait de se passer. Il m'explique : "Depuis un an, une femme me poursuit de concert en concert, et elle est très insistante, voulant systématiquement m'inviter à dîner... J'ai été si heureux de vous retrouver dans le public ! En vous désignant ainsi, je lui montrais mon invité. Alors allons dîner tous les deux..." Je suis devenu ainsi l'ami de tous ces artistes, et leur aide sur place : Clifford Curzon, Radu Lupu, Martha Argerich, Vladimir Ashkenazy, Peter Maag, Charles Dutoit et bien d'autres. Stephen Kovacevich, par exemple, aime à me rappeler qu'il m'avait un jour réquisitionné pour aller voir ensemble le nouveau film de James Bond qui venait de sortir...

Avec les Russes ce n'était pas aussi simple. Lodding représentait entre autres le chef d'orchestre Yuri Temirkanov et le pianiste Dimitri Bashkirov. Ils étaient extrêmement mal traités par les autorités. Ils ne savaient pas, une semaine et parfois même une journée à l'avance, s'ils allaient être envoyés à l'étranger pour y jouer. On ne les prévenait pas du lieu du concert ni du programme… Gosconcert pouvait très bien téléphoner chez eux au milieu de la nuit pour leur dire : "Demain matin vous prenez un avion pour vous rendre à Stockholm pour jouer ceci ou cela. Passez au bureau pour prendre votre visa. Si vous ne connaissez pas ces partitions vous avez intérêt à les apprendre cette nuit…"

L'URSS était proche de la Suède, et il faut rappeler qu'à l'époque les musiciens soviétiques étaient traités comme de simples soldats. Rien ne pouvait se passer sans l'approbation des autorités. Gosconcert décidait vraiment de tout. Je me souviens encore de Liana Issakadze, la violoniste[1]. Elle m'a raconté qu'après son troisième prix du Concours Tchaïkovski, en 1970, elle a su que l'Orchestre de Chicago l'avait invitée à jouer dans leur saison. Mais sur le moment elle n'avait rien su. Comme elle n'était pas dans les petits papiers du Gosconcert, ils ne lui avaient pas donné l'information et avaient répondu au dernier moment à l'Orchestre de Chicago qu'elle était malade et ne pouvait pas se rendre aux États-Unis. Ils ont vraiment saboté sa carrière internationale…

Cela, ajouté aux conditions de vie très difficiles, créait chez les artistes soviétiques un sentiment d'insécurité, d'angoisse chronique. Quand il arrivait en Suède, Yuri Temirkanov, par exemple, ressemblait plus à une feuille, sensible et tremblante, qu'au chef d'orchestre plein de panache qu'il pouvait être sur le podium. Il était tellement troublé, tellement faible… Son estomac avait été détruit par l'anxiété, et il ne pouvait jamais rien manger, sauf un peu de bouillon, des pommes de terre ou du riz. Son dîner chez nous était généralement complété de petits gâteaux apéritifs. Rien de plus.

J'ai eu très tôt des rapports privilégiés avec ces artistes soviétiques. La plupart passaient du temps chez nous et j'assistais à tous leurs récitals. Un jour, à un concert, j'ai été abordé par une femme d'âge moyen. Elle était russe et traductrice. Elle m'a dit qu'elle savait que je connaissais de nombreux artistes soviétiques. Elle m'a expliqué qu'elle avait obtenu le texte russe des ouvrages d'Alexandre Soljenitsyne. À l'époque, on pouvait trouver

1. Liana Issakadze, née en 1946, a travaillé avec David Oïstrakh. Elle a remporté de nombreux prix dans les plus grands concours, Tchaïkovski, mais aussi Long-Thibaud, Jean Sibelius. Dans les années 1980, elle est devenue chef d'orchestre.

différentes traductions de ses livres en Occident, mais évidemment rien en URSS. Soljenitsyne y était interdit. La femme m'a encore précisé qu'avec toutes les précautions d'usage, elle pourrait me fournir des photocopies des textes en russe si je le souhaitais. J'en ai parlé à Temirkanov qui m'a immédiatement demandé de lui obtenir les documents. Le lendemain je ne l'ai presque pas vu ; il lisait… Cela a fini par se savoir et de nombreux musiciens, tels Ashkenazy, Slobodyanik ou Issakadze m'ont demandé d'obtenir "le(s) livre(s)"… Lodding m'avait demandé d'être extrêmement prudent, car tous ceux qui étaient alors citoyens soviétiques pouvaient avoir de graves problèmes si les autorités avaient vent de l'histoire.

D'où venait votre attirance pour la culture russe ?
J'avais en effet une attirance particulière pour cette histoire et cette culture russes. Mon père m'avait appris à aimer Tolstoï et Dostoïevski, notamment. Il avait accroché au mur de sa chambre un portrait de Tolstoï. L'esprit du Nord de la Suède s'accordait-il spécialement avec l'esprit dépressif russe ? Je ne sais pas… Il existe sûrement de nombreux points communs. Je ressentais une chose essentielle avec les musiciens russes : que la musique n'était pas un simple divertissement, que c'était quelque chose de bien plus profond, de bien plus fort. Un moyen d'échapper à la grisaille du quotidien, d'échapper aussi aux misères de la condition humaine[1].

Quand avez-vous découvert la Russie pour la première fois ?
En juin 1969 – j'avais quinze ans –, ma classe a décidé d'organiser un voyage de fin d'études. Histoire de nous retrouver ensemble une dernière fois avant de nous séparer après la scolarité obligatoire. J'avais réussi à

1. "Quand je dirige certaines œuvres particulières, explique Valery Gergiev dans *Rencontre* (Actes Sud, 2018), comme la *Huitième Symphonie* de Chostakovitch, et que le concert est bon, je perçois un univers en expansion, comme si le monde s'ouvrait à moi, ainsi qu'à l'ensemble des auditeurs. Pour le dire autrement, j'ai l'impression de faire partie d'un grand tout, où l'humain est fondu dans le cosmos. Le pouvoir incroyable de la beauté, agissant par l'intermédiaire de la musique, peut ainsi nous emporter très loin. Nous oublions alors qui nous sommes, et où nous sommes ; nous nous abandonnons totalement. Les plus grands chefs-d'œuvre nous donnent ce sentiment dès les premières secondes…"

convaincre notre professeur Bengt Ulin, qui avait exercé une influence si positive sur moi pendant toutes ces années, de nous accompagner, sans nos parents. Nous pensions tous qu'un seul professeur suffirait largement pour surveiller les vingt jeunes que nous étions. Restait le choix de la destination. La discussion était très animée et nous n'étions pas d'accord entre nous. J'ai finalement emporté le morceau. Ce serait Saint-Pétersbourg (alors encore appelé Leningrad[1]). Aucun d'entre nous ne s'y était déjà rendu.

Le voyage en bus a été particulièrement long et éprouvant ; nous sommes passés par la Finlande, d'abord par le ferry de Stockholm à Helsinki, puis en bus par la Carélie. Le passage de la frontière était étonnant. Les routes côté russe étaient dans un état déplorable, souvent réduites à des chemins ni pavés ni goudronnés. Nous traversions de petites villes et des villages qui semblaient vivre plusieurs centaines d'années en arrière. Là, tout était très simple, mais d'une immense beauté. À Leningrad, nous logions dans une auberge de jeunesse, et avions un plan de visite des musées très dense pendant les cinq jours de notre séjour. Mais j'étais déjà très indépendant et je voulais voir d'autres lieux. J'ai pu aller découvrir la grande galerie marchande de la perspective Nevski, Gostony Dvor. Le rayon des pianos m'a particulière marqué. Non par le choix, mais par ce que j'y ai vu : quatre vieilles femmes, portant de grosses écharpes, jouaient à plein volume, chacune dans son coin, comme si le reste du monde n'existait pas. Une scène hallucinante. Elles possédaient toutes les quatre une technique de fer. Sans doute ne pouvaient-elles pratiquer le piano que dans ce magasin et pas ailleurs… J'avais pu avoir, grâce à Temirkanov, un ticket pour un concert à la Philharmonie, avec Grigori Sokolov en soliste. Je ne me souviens plus du chef, mais ce n'était pas Mravinski. J'étais à l'étage et je me souviens parfaitement du public : la salle était pleine de babouchkas avec des sacs. Personne ne parlait ni ne bougeait, tout le monde était très concentré. Il n'y avait pas de programme, mais la Philharmonie était pleine à craquer. L'impression sur moi a été très forte, car la concentration atteignait un niveau

1. Saint-Pétersbourg, la capitale impériale, prend le nom de Petrograd en 1914, au moment où l'Allemagne déclare la guerre à la Russie. Moscou devient la nouvelle capitale en 1918, tandis que Petrograd est renommée Leningrad en 1924, à la mort de Lénine. Elle ne retrouvera son nom d'origine qu'en 1991.

inconcevable ailleurs. Une fois encore, j'ai perçu que la musique était bien plus que des notes, qu'elle avait une dimension spirituelle. J'ai compris qu'un concert, finalement, n'était en rien un événement social ou mondain, mais une nourriture pour l'âme. Au fond, là encore, c'était une forme de cérémonie, comme une expérience religieuse, qui dépassait de loin ma petite personne. Aujourd'hui, la vie est toujours dure dans les provinces russes, et la musique y rend la vie meilleure.

Quel bilan avez-vous tiré de ce premier voyage en Russie ?
J'ai beaucoup pensé au concert à la Philharmonie. Face à un moment comme celui-là, je n'étais rien : je sentais juste que le pouvoir immense de la musique me submergeait. C'est alors que je décidai de faire ma vie dans la musique – sans avoir à monter sur scène, j'en étais incapable. Je me disais que cela aurait du sens.

Nous savions tous que ce voyage à Leningrad allait nous marquer pour la vie entière. En partant, nous avions trouvé l'extérieur de l'auberge de jeunesse remplie de jeunes Russes de notre âge, comme tous les jours. Ils auraient aimé acheter nos jeans, ou avoir des cigarettes et du chewing-gum américains. Avant de partir, nous leur avons laissé la plupart de nos vêtements.

Vous êtes retourné en URSS en 1987, à l'occasion de récitals de Barbara Hendricks. Quels souvenirs en gardez-vous ? Cela avait-il changé ?
Pas vraiment, non. À Saint-Pétersbourg, Barbara et moi logions à l'hôtel Europa. Après le dîner, je suis tombé sur Pierre-Olivier Bardet et Bruno Monsaingeon, qui étaient là pour tourner un portrait de Yehudi Menuhin. Celui-ci donnait un récital le lendemain de celui de Barbara. Nous avons pris un verre ensemble, et je leur ai suggéré, puisqu'ils étaient là avec le matériel, de filmer le concert de Barbara avec le pianiste russe Dmitri Alexeev, ce qu'ils ont fait. Le récital était *sold out*, et Menuhin y a assisté. Barbara n'était pas vraiment une star en Russie. Cependant, je crois que le public était curieux d'entendre une jeune soprano noire américaine chanter Schubert en allemand et Rachmaninov en russe. Très peu d'artistes américains jouaient alors en URSS et par ailleurs peu de chanteurs russes avaient l'habitude de donner des récitals de lieder. Il y avait donc une véritable excitation autour de ces concerts et le film est devenu un bon document de tout cela.

Juste après le concert à Saint-Pétersbourg, nous avons rejoint la gare pour prendre le train de nuit en direction de Moscou – un compartiment de type "impérial", amusant à découvrir. À l'arrivée, nous avons été récupérés par des représentants de Gosconcert jusqu'à l'hôtel Rossiya, certainement l'un des plus grands du monde. Quelqu'un a affirmé qu'il avait trois mille chambres, ce qui était peut-être vrai. C'était un immense immeuble carré, avec quatre petites entrées. Nous avions une grande suite surchauffée donnant sur la Volga. Nous avons décidé d'aller dîner au restaurant principal de l'hôtel et nous avons pris l'ascenseur en direction du dernier étage. Là, il n'y avait quasiment personne. Nous avons demandé une table pour deux et on nous a répondu que le restaurant était complet. Une personne est alors venue nous parler, nous disant que le mot "délégation" était celui qu'il fallait prononcer. Je suis retourné voir le type à l'entrée du restaurant en disant que nous faisions partie d'une "délégation". Sans commentaire, il a ouvert la porte et nous avons pu entrer dans un restaurant quasiment vide.

Le lendemain matin, je me suis réveillé tôt et j'ai décidé d'aller sur la Place rouge. C'était un jour de novembre froid, cafardeux. La queue se formait déjà à l'entrée du mausolée de Lénine. Au bout d'une heure je suis rentré à l'hôtel. Dans l'entrée, mon regard a été attiré par une voiture de marque Volga et j'ai vu à l'intérieur Yehudi Menuhin. J'ai frappé sur la vitre et il a baissé la fenêtre. Je lui ai immédiatement demandé ce qu'il faisait là, dans cette petite voiture glacée, plutôt que d'entrer dans l'hôtel. Il venait de prendre le même train que Barbara et moi après son concert de Saint-Pétersbourg et, à l'arrivée à l'hôtel Rossiya, on lui avait dit que sa chambre n'était pas libre, qu'il devait attendre dans la voiture. Je lui ai proposé de venir dans notre suite. Il pourrait se réchauffer, ce qu'il a fait. En début d'après-midi, nous avons été conviés à la résidence de l'ambassadeur des États-Unis. Parmi les quelques rares conviés il y avait le physicien Andreï Sakharov et sa femme Elena Bonner, la militante des droits de l'homme. Quelle rencontre extraordinaire… Sakharov était dejà devenu une légende à cette époque. Le président du KGB, Yuri Andropov, l'avait surnommé "l'ennemi public numéro un". La conversation entre Menuhin, Sakharov et Bonner a simplement été un moment inoubliable.

À Stockholm, vous avez rencontré d'autres grandes personnalités, d'autres musiciens exceptionnels. De qui vous souvenez-vous particulièrement ?
J'ai déjà évoqué le souvenir de mon parrain, Antal Dorati, qui a été directeur de l'Orchestre philharmonique de Stockholm entre 1966 et 1974. J'allais évidemment à presque tous ses concerts.

Comment étaient-ils ?
En décembre 1973, il avait programmé trois concerts consacrés au *Requiem* de Verdi. J'étais fasciné par ce chef-d'œuvre (je le suis toujours !). J'avais ma propre partition et j'avais demandé à Tony de pouvoir assister aux répétitions. Pendant les pauses et à la fin des répétitions, je lui posais des questions au sujet de son interprétation et de son choix de chanteurs. Je n'étais pas très impressionné par eux. Juste avant le troisième concert je suis allé frapper, comme les autres soirs, à sa porte, et suis entré. Il était assis sur le canapé. Je lui ai demandé s'il allait bien. Il me répond : "Je ne me sens pas très bien… – Veux-tu que j'appelle un médecin ? Puis-je faire quelque chose ?" Il avait vraiment l'air terrible et avait pris sa tête avec ses mains. J'ai commencé à avoir peur. J'ai pensé à une attaque cardiaque ou quelque chose de cet ordre… Il m'a alors dit : "Il y a une chose que tu pourrais faire… Diriger le concert." J'ai bien cru que j'allais m'évanouir. Était-il seulement sérieux ? Je n'avais jamais été de ma vie devant un orchestre… Plusieurs secondes sont passées, et j'avais mille pensées qui tournaient dans la tête. Tout à coup, il s'est levé et m'a dit : "Martin, c'était une blague !" Voilà. Il était comme ça, Dorati. On ne s'ennuyait vraiment jamais à ses côtés !

Quels autres chefs alliez-vous écouter à Stockholm ?
J'allais également aux concerts de Sergiu Celibidache, qui était lui à la tête de l'Orchestre de la radio entre 1965 et 1971. J'étais également inscrit comme tourneur de pages partout où il y avait des concerts à Stockholm. C'était un de mes moyens de me faire un peu d'argent de poche et de rencontrer les artistes[1].

1. C'est ainsi que Martin Engstroem s'est retrouvé, à Stockholm, Londres et ailleurs, à tourner les pages de Clifford Curzon, Emil Gilels, Sviatoslav Richter, Vladimir

Quels autres chefs avez-vous entendus à cette époque ?
Oui, une autre rencontre de cette époque a été le chef autrichien Erich Leinsdorf. Il passait une bonne semaine à la tête de l'Orchestre philharmonique et j'ai décidé d'assister à ses répétitions, ayant une grande estime pour ce maître de légende. Ce qui s'est passé ensuite n'était pas prémédité ! Je suis bien entendu allé le voir après la répétition pour me présenter à lui. Je lui ai dit que mon père était sculpteur. Il s'est montré très intéressé et il a demandé à visiter son atelier. Le lendemain, nous étions au 57, Grevgatan, avec sa femme Vera. Mon père, qui parlait un allemand parfait, les a accueillis avec chaleur et leur a montré tout ce qu'il pouvait. Après une heure passée ensemble, Leinsdorf décida de lui acheter une œuvre. Plus tard, le maestro m'a écrit pour me dire que la sculpture figurait en bonne place dans sa maison de Zurich. Mais il me revient d'autres anecdotes de cette période au sujet des grands musiciens.

De qui voulez-vous parler ?
Pinchas Zukerman. Le grand violoniste était venu à l'automne 1971 avec l'English Chamber Orchestra. Lodding m'avait demandé de les accompagner dans une petite tournée, de Copenhague à Hambourg, avec deux dates en Suède. M. Zukerman se faisait appeler communément "Pinky", mais il avait une assez haute opinion de lui-même. Il n'était pas facile de communiquer avec lui. Son épouse, Genie Zukerman, était adorable et nous nous sommes très bien entendus. Nous avons débuté une relation amicale au long cours, échangeant plusieurs lettres mensuelles et nous voyant le plus souvent possible. Je pouvais lui parler très directement et lui dire des choses impossibles à communiquer autrement. Elle a été d'un précieux secours pour moi pendant de nombreuses années.

Pour en revenir à la tournée avec l'English Chamber Orchestra, il m'est arrivé une drôle d'aventure à Copenhague. Le bassoniste avait décidé de faire la fête la nuit précédant le concert. Non seulement il s'était réveillé dans un endroit inconnu qui n'était pas sa chambre d'hôtel, mais – beaucoup plus grave – il se rendit compte qu'il avait perdu… son dentier ! Impossible de

Ashkenazy, Martha Argerich, Shura Cherkassky, Nikita Magaloff, George Malcolm, mais aussi Guennadi Rojdestvenski, James Levine et même Herbert von Karajan.

jouer, et donc pas de concert, si on ne lui trouvait pas un dentier dans la journée. Heureusement, notre correspondant local à Copenhague était un grand professionnel qui avait des solutions pour tout. En quelques heures, au dernier moment, il trouva un dentier ! Et le concert put avoir lieu normalement. À Hambourg, Christoph Eschenbach et Justus Frantz avaient préparé un grand dîner d'après-concert dans leur magnifique appartement de la Magdalenenstrasse. Évidemment, lorsque des musiciens se retrouvent, ils partagent un repas et… ils jouent ! Cette nuit-là a été très longue et a duré jusqu'au petit matin, lorsque j'ai pris directement un train vers Stockholm et… l'école.

Qui d'autre vous revient à l'esprit ?
Arthur Rubinstein est venu à Stockholm le 24 mai 1970 jouer un programme exceptionnel avec l'Orchestre philharmonique : rien moins que trois concertos, de Chopin (n° 2 en *fa* mineur), Saint-Saëns (n° 2 en *sol* mineur) et Beethoven (n° 4 en *sol* majeur). J'ai pu assister aux répétitions et suis allé le voir *backstage* lorsqu'il a eu fini. Il était seul, assis sur un canapé. J'étais un peu gêné, mais je suis allé le voir pour lui demander de signer mon livre d'autographes[1]. Il a pris mon livre, et m'a dit qu'il ne donnait plus d'autographe depuis un concert au Japon l'année précédente où trois mille personnes l'attendaient dans le hall, dont la moitié souhaitait une signature. Je ne sais plus dans quel ordre, mais il a attendu un moment, souri et signé. Il m'a ensuite demandé si j'allais à son concert. “Bien sûr !” ai-je répondu.

1. Selon une ancienne tradition familiale, Martin Engstroem fait signer systématiquement son cahier d'autographes.

MARTHA ARGERICH

Martha Argerich est venue jouer à Stockholm pour la première fois en octobre 1969. Un événement considérable à plus d'un titre. Un peu avant, j'avais acheté son disque du *Concerto n° 1 en mi mineur* de Chopin[1] et étais tombé complètement amoureux de son jeu et de sa beauté. Lorsque Lodding m'a annoncé son arrivée, j'étais simplement en extase ! Le soir avant le concert, j'ai été invité à dîner avec Martha par Lodding avec ma sœur Marion. Un rêve. Nous sommes allés dans un excellent restaurant de Stockholm, Stallmästaregården. Ce fut une soirée amusante et délicieuse. Mais étrangement, je me souviens surtout d'une anecdote. Pendant le début du repas, Lodding insistait pour que Marion goûte une des huîtres qu'il avait commandées pour elle. Elle ne voulait absolument pas, et a finalement accepté d'en tester une. Seulement, à peine dans sa bouche, Marion a recraché l'huître qui s'est retrouvée… dans l'assiette de Martha. J'étais très gêné – pas Martha qui s'est mise à rire de bon cœur. Je ne pouvais pas le savoir, mais ce fut le début d'une longue amitié qui dure jusqu'à aujourd'hui.

L'été 1975, je le passais en Suisse chez des amis, Michel et Loukie Rossier, assistant en outre aux masterclass de Peter Feuchtwanger à Lutry. Michel organisait des concerts dans la région de Vevey et Montreux, et tout le monde – les artistes, les mélomanes – le connaissait. Il avait joué un rôle clé dans la venue de Clara Haskil et de sa sœur à Vevey et il était

1. Un disque Deutsche Grammophon publié en 1968, et dirigé par Claudio Abbado. En complément se trouvait le *Concerto n° 1* de Liszt.

aussi le contact privilégié pour Charlie Chaplin, qui vivait dans la région lui aussi, jusqu'à sa mort en 1977. Les Rossier habitaient une grande maison du quai Ansermet à Vevey, dont la porte était toujours ouverte aux visiteurs, notamment pour une tasse de thé le dimanche après-midi. Des amis et des invités de toute sorte se retrouvaient là, dans la convivialité et la simplicité. C'était aussi là, dans cette maison, que le jeune Michel Dalberto – il n'avait pas de piano lorsqu'il habitait à Vevey – venait répéter. Le sentiment de générosité n'était pas un vain mot.

Un jour, donc, j'appelle Martha qui habitait non loin de là, à Genève. Je voulais prendre des nouvelles, et elle m'a proposé de venir la voir le lendemain. Nous avons passé une journée très tranquille, assis dans l'herbe du jardin, avec sa fille Stéphanie – alors encore un bébé. Nous avons parlé un très long moment. Martha possède une qualité d'écoute exceptionnelle. À l'époque, elle me connaissait peu et souhaitait apprendre plus sur moi. Elle était vraiment curieuse de tout ce qui me concernait. Elle me posait aussi des questions sur ma mère et sur ma sœur, qu'elle avait rencontrées à Stockholm. Martha parle souvent des autres, rarement d'elle-même. Cette règle n'a jamais changé depuis que je la connais, et cinquante ans plus tard elle est toujours fidèle à elle-même. Ses amis sont sa vie. À ceux qu'elle aime vraiment, elle donne tout. Littéralement. On n'imagine pas le nombre d'artistes qu'elle a aidés financièrement et moralement, au long de son existence… Je me souviens aussi du jour où elle m'a avoué qu'elle ne pouvait pas retourner chez elle à Bruxelles, parce qu'il y avait là trop d'invités, et qu'il n'y avait plus de place pour elle dans sa propre maison ! Inviter de jeunes artistes (pas toujours de son niveau à elle, mais cette remarque ne regarde que moi…) a toujours été son truc ; du moment qu'elle peut les aider à lancer leur carrière. En revanche, jouer les grands concertos avec les plus grands chefs, les plus grands orchestres, n'a jamais été son obsession. Au contraire, même, pourrait-on dire. Sa relation avec le piano a toujours été claire. Martha a souvent dit : "J'aime jouer du piano, mais pas nécessairement donner des concerts." Sa relation avec les agents artistiques, les organisateurs de concerts, les producteurs de disques, les journalistes, bref, le monde musical, aura été pour le moins compliquée. Du moment que l'on veut obtenir quelque chose d'elle, Martha reste distante. Elle se retire, volontairement.

Quant à moi, j'ai eu la chance d'avoir avec elle des rapports simples et amicaux. Après m'être installé comme agent à Paris en 1976, j'allais à ses concerts, à ses anniversaires, je la voyais sans arrières-pensées et sans jamais avoir rien à lui demander. Je profitais pleinement de la qualité humaine de nos échanges. Cela se passait généralement après minuit, jusqu'au lever du soleil. Je crois que nous sommes vraiment devenus de très bons amis au fil du temps.

Après avoir fondé le Verbier Festival en 1994, je l'ai régulièrement tenue au courant de ce qu'il s'y passait, des difficultés que je rencontrais à faire jouer de la bonne musique dans ce coin haut perché des Alpes suisses. Elle ne souhaitait pas participer, mais elle restait dans la boucle. En 1995, malheureusement, elle a souffert d'un retour de son cancer de 1990. Elle a dû subir un traitement très agressif, allant jusqu'à l'ablation d'une partie de ses poumons et l'utilisation de vaccins expérimentaux. Pendant l'hiver 1997, je suis allé la voir à Los Angeles où elle était hospitalisée. Je suis resté plusieurs jours avec elle. Elle jouait toujours du piano, mais uniquement pour son propre plaisir. Elle refusait l'idée d'envisager un retour sur scène, alors que tout le monde n'attendait que cela. J'ai néanmoins usé de toutes mes idées créatives pour tenter d'établir un terrain favorable à son retour. Elle ne réagissait pas. Et puis une idée est venue, celle de faire jouer Martha avec ses amis de toujours, Gidon Kremer et Mischa Maisky. Là, j'ai senti une réaction. Ils étaient tous les trois très proches, mais étrangement ne s'étaient jamais réunis pour jouer en trio. L'agent de Martha à Hambourg à l'époque, M. Paulsen, avait tenté d'organiser des tournées, mais elles avaient été annulées. Une fois Gidon avait dû y renoncer au dernier moment, une autre fois cela avait été Mischa, et puis finalement Martha. Bref, ce trio, dont la réunion pouvait paraître si naturelle, n'avait jamais pu être regroupé avant son concert à Verbier le 27 juillet 1997. Le premier de Martha depuis longtemps, entourée de ses amis. Au programme figurait d'abord le *Quatuor pour la fin du temps* d'Olivier Messiaen, avec notamment Myung-Whun Chung, Cho-Liang Lin et deux musiciens amis de Myung-Wun, puis Martha avec le *Trio n° 2* de Chostakovitch. Deux des œuvres les plus dépressives du répertoire. Mais quelle émotion ce soir-là… La salle Médran était pleine et la chaleur de l'accueil du public a fait beaucoup de bien à Martha.

L'année suivante, elle est revenue à Verbier avec une carte blanche que je lui avais proposé, pensant qu'elle allait revenir avec des amis solistes. Cependant à cette époque Martha partageait sa vie avec l'excentrique compositeur et pianiste Alexander Rabinovitch. Le point positif était qu'il parvenait à la convaincre de monter sur scène. Le point moins positif était qu'il exerçait sur elle une véritable emprise et qu'il était très difficile d'avoir Martha sans lui... Rabinovitch contrôlait strictement son emploi du temps et ses programmes. Ainsi, de manière assez décevante pour le public, la carte blanche s'est transformée en cinq heures de concerts de différents amis de Martha, dont Alexander jouant sa propre œuvre pour violoncelle *Discours sur la Délivrance*, avec Mark Drobinsky, une œuvre très minimaliste de plus d'une demi-heure. Après quinze minutes, le public de la salle Médran a commencé à s'impatienter et quelqu'un a même crié "Assez !", après quoi une partie des spectateurs s'est mise à applaudir. Avant la fin de la pièce, ils ont recommencé, afin de pousser Alexander hors de la scène. Et en effet, avant la fin de la sonate, il a dû abandonner. Martha et moi sommes un peu plus tard allés le voir à son hôtel, mais sa porte est restée close.

En mars 2000, Martha a décidé de monter un concert caritatif au Carnegie Hall, à New York, pour aider la clinique de Los Angeles qui l'avait sauvée de son cancer, l'institut John Wayne de Santa Monica. Elle avait prévu de jouer une première partie en solo, ce qu'elle ne faisait plus depuis longtemps, et ensuite le *Quintette* de Schumann avec le Quatuor Juilliard. Comme je venais de rejoindre Deutsche Grammophon, je décidais d'enregistrer cet événement. Martha me lâcha : "Fais ce que tu veux, mais ne m'en parle plus jamais s'il te plaît !". J'arrivais à New York quelques jours avant. Je sentais une grande excitation en ville autour de ce concert. Le *New York Times* le comparait au grand retour d'Horowitz en 1965... Rien que cela. Je voyais Martha la veille du concert. Elle se sentait prise au piège. La pression était énorme, mais elle ne pouvait plus annuler, pensant aux médecins qui l'avaient sauvée... Mon équipe d'enregistrement était sur place, préparant les micros de telle sorte que Martha ne les voit pas sur scène. C'était tendu, mais nous étions prêts. Et puis tout bascula dans l'après-midi avant le concert. Martha reçut un appel de Maurizio Pollini qui venait de voir une annonce du concert qui annonçait sa venue au Carnegie Hall. Peur panique ! Catastrophe ! Martha m'appela aussitôt :

"Pollini vient au concert ! Il faut annuler l'enregistrement !" Quel dommage. Je n'ai rien pu faire, sinon obtempérer.

Quelques semaines plus tard, nous nous sommes retrouvés au Festival de Ludwigsburg, en Allemagne. Quelques heures avant le concert, elle discutait à la cafétéria, avec un groupe d'amis, très détendue. Je les rejoins, elle me présente comme étant à la tête du Verbier Festival. L'un des convives demande alors : "Verbier ? Mais c'est quoi Verbier ?" Alors Martha a répondu que Verbier, c'était un festival où les artistes jouaient des œuvres qu'ils n'avaient jamais interprétées avant, ou avec de nouveaux collègues. Cela m'a fait tellement plaisir d'entendre cela de la bouche de Martha, car tel était mon but. Je voulais de l'inédit, avec les plus grands artistes. J'en avais souvent parlé avec elle, mais je ne pensais pas qu'elle l'avait aussi bien intégré.

Pour le Verbier Festival 2000, je lui ai proposé de jouer le *Quatuor avec piano nº 1*, opus 25. "Oh, tu sais, Brahms et moi nous ne sommes pas vraiment amis", m'a-t-elle répondu. Elle n'avait plus joué d'œuvre de Brahms en public depuis une trentaine d'années au moins… Mais j'ai gentiment insisté, car je pensais que cette œuvre sonnerait merveilleusement sous ses doigts. Cela a aussi beaucoup aidé que Gidon Kremer et Mischa Maisky soient à nouveau disponibles, en plus de Yuri Bashmet, que Martha adorait également. Le concert a été vraiment dingue. Incroyablement réussi. Au dîner qui a suivi, j'ai demandé aux quatre musiciens s'ils pensaient que l'enregistrement était assez bon pour paraître en disque chez Deutsche Grammophon. Martha, Yuri et Mischa le pensaient, mais pas Gidon. J'ai donc organisé une session d'enregistrement en bonne et due forme, aux studios Teldex de Berlin, sept mois plus tard, en janvier. Quatre jours complets étaient planifiés. L'atmosphère n'était pas bonne. Quelque chose n'allait pas. Gidon était de mauvaise humeur, Mischa en voulait à Gidon, Martha ne comprenait pas ce qu'elle faisait là à rejouer constamment les mêmes choses, d'autant que tout devenait de pire en pire au fil du temps. Yuri faisait de son mieux pour que tout se passe bien, mais rien n'y faisait. À la fin du troisième jour, le producteur, Sid MacLaughlin, m'indiqua qu'il n'avait pas de quoi faire un disque, juste de petits bouts… J'ai alors dit à Gidon que je trouvais vraiment cela dommage et que c'était une perte de temps pour tout le monde. J'ai réuni le quatuor pour leur demander de faire en sorte que le studio devienne une salle de concert et que nous allions faire un enregistrement "live". C'était la dernière chance. Ils ont tous joué avec une énergie phénoménale, et nous avons eu un très beau disque, toujours au firmament du catalogue DG. Quelque temps plus tard, j'ai parlé à Gidon et lui ai demandé si toute cette prise de tête à Berlin avait vraiment servi à quelque chose. Sa réponse fut : "Non." Il pensait que le concert de Verbier était meilleur.

Un autre enregistrement majeur de Martha pour DG à cette époque fut la transcription pour deux pianos du ballet *Cendrillon* de Prokofiev par Mikhail Pletnev. Ils l'ont donné une première fois à Lugano en juin 2003. Un mois plus tard, nous nous trouvons, Martha et moi, à Verbier, à discuter dans la rue à bâtons rompus. Nous tombons sur Misha Pletnev et Martha lui dit qu'elle ne l'a pas assez remercié pour le concert à Lugano, qu'elle aurait aimé passer plus de temps avec lui, etc. Misha ne lui en voulait absolument pas et émet le souhait de rejouer *Cendrillon* avec elle. Il explique qu'il aimerait garder un témoignage de son travail de transcription. Je leur dis alors : "Mais pourquoi ne pas l'enregistrer maintenant ?" Je pouvais libérer leur emploi du temps et demander au Théâtre de Vevey de les accueillir dès le lendemain… Martha hésita, car elle avait besoin de travailler à nouveau cette œuvre très difficile techniquement. Mon producteur de DG, Sid MacLaughlin, put tout arranger en moins de vingt-quatre heures et mon neveu Joshua Mehr, qui travaillait comme mon assistant au festival, resta avec les deux pianistes pendant l'enregistrement. Ils devaient arriver à trois heures de l'après-midi, mais rien ne débuta avant le soir et Martha but des litres et des litres de café. L'enregistrement se termina à six heures du matin. Il remporta un Grammy Award et reste selon moi un chef-d'œuvre.

Une autre anecdote me revient de ces années passées avec Martha Argerich chez Deutsche Grammophon. Elle se passe à Salzbourg, pendant l'été 2001. Le temps du festival a toujours été un moment important pour DG. J'y avais organisé un déjeuner dans un restaurant charmant pour Claudio Abbado. J'ai fait un discours d'ordre général sur l'importance de Claudio pour le label, et je lui ai demandé comment il avait rencontré Martha Argerich[1]. Il s'est mis à rire, puis a pris la parole : "C'était ici,

1. Claudio Abbado a souvent enregistré avec Martha Argerich pour DG, des concertos de Tchaïkovski (n° 1), Ravel (en *sol*, deux fois), Chopin (n° 1), Prokofiev (n° 3), Mozart (n° 20 et 25) et Beethoven (n° 2 et 3).

à Salzbourg, a-t-il commencé à expliquer. Nous participions tous les deux à des masterclass du grand pianiste Friedrich Gulda. À la fin de l'un des cours, M. Gulda m'a demandé de jouer le lendemain, et ce que j'aimerais jouer pour lui. J'ai répondu : « Le *Concerto pour piano nº 2* de Brahms. » Martha a alors posé des questions sur ce concerto qu'elle ne connaissait pas. Je me souviens avoir répondu quelque chose comme : « Ne vous inquiétez pas, ce n'est pas une œuvre pour les femmes »... Le lendemain, j'ai travaillé le concerto avec M. Gulda. Tout se passait bien, mais dans l'après-midi M. Gulda a demandé à Martha de jouer – elle avait pendant la nuit préparé un mouvement de ce même concerto... Je n'ai pas su si elle souhaitait défier mon commentaire au sujet des femmes, mais après l'avoir entendue jouer ce jour-là, j'ai décidé d'arrêter de jouer du piano et de plutôt me concentrer sur mes études de chef d'orchestre."

Comment le dire ? Je pense que Martha est tout simplement l'une des plus grandes artistes de notre époque, tous genres confondus. Pour cette raison, il n'est pas facile de lui proposer des collaborations : qui est vraiment à son niveau ? Qui ne va pas la tirer vers le bas ? À Verbier, je lui ai aussi proposé de jouer avec Evgeny Kissin les *Variations sur un thème de Paganini* de Witold Lutosławski. Une rencontre inédite, que je dois à nouveau raconter car cette anecdote me semble éloquente. Martha était stressée. Le rendez-vous pour la première répétition était à 10 heures 30, et Kissin était déjà arrivé. Je vais chercher Martha, elle traîne. Salle de bains, puis café, puis cigarettes. L'heure tourne. On arrive en retard et à peine a-t-on pénétré dans la salle que Martha ressort : re-cigarette. Nervosité. Elle rentre à nouveau. Kissin ne comprend rien à son attitude. Je veux les présenter, mais Martha se met bizarrement à faire le tour de son piano, dans une sorte de danse rituelle. Que se passe-t-il ? Tout le monde se le demande ! Puis elle vient enfin vers nous et la glace se brise. D'un coup. Tout se passe alors au mieux. Martha est très timide et elle était très impressionnée par la réputation de Kissin : elle ne savait tout simplement pas comment aborder cette première rencontre. Parfois Martha est une enfant, et parfois c'est une reine. Une lionne ou une déesse. Tout cela définit son charme, à la fois indéfinissable et... infini. Un jour, elle m'a dit : "Martin, je t'aime vraiment, mais lorsque je te vois, je pense au travail, et je n'aime pas le travail."

Il n'a jamais été aisé de collaborer avec elle, qui possède son propre sens du temps. Ce n'est pas une artiste à qui on peut envoyer un e-mail et proposer des dates de concert. Si jamais vous le faites, c'est bien simple, elle ne répondra pas ! Elle a toujours besoin d'un contact personnel et confirmera immédiatement si elle vous sent bien. Avec ce but vous devez aller la voir, mais ne rien lui demander avant un concert. Vous pouvez lui demander après, mais pas directement. Martha reste longtemps dans l'ambiance du concert. Elle n'échange pas, ou si peu, avant le dîner et l'arrivée des différents plats. Ensuite, vous entrez en compétition avec les autres personnes autour de la table qui ont toutes des choses à lui demander. Il vaut mieux attendre que tout le monde parte, généralement vers deux ou trois heures du matin. S'il vous reste assez d'énergie, vous accompagnez Martha dans sa chambre. Là, la conversation peut débuter, mais faites très attention à ce que vous demandez et à votre manière de le faire. Ensuite, le lendemain matin, n'oubliez surtout pas de prévenir son vieil ami Jacques Thelen, son si patient agent, de tout ce qui a été dit la nuit précédente. Il est fort probable qu'il réponde qu'en fait à cette période elle n'est pas disponible, ayant déjà confirmé un autre engagement. Là, vous envoyez un e-mail en lui disant : "Martha, tu m'avais dit que tu étais libre…" Et il n'y a quasiment aucune chance qu'elle réponde. Et donc, vous reprenez tout le processus depuis le début.

III

VOCATIONS

La vie sans musique est tout simplement une erreur, une fatigue, un exil.

FRIEDRICH NIETZSCHE, dans une lettre à Peter Gast

Comment se sont terminées vos études ?
À l'automne 1973, j'ai débuté à l'université de Stockholm des études d'histoire de la musique et de russe. C'était les deux matières qui m'intéressaient le plus. Plus tard, j'ai quand même eu des doutes sur mes cours, passant par exemple beaucoup de temps sur la musique traditionnelle de Chine et d'Asie du Sud-Est. J'ai tout de même appris des choses et fait mon chemin, mais je crois pouvoir dire que je n'étais pas un très bon élève.

Parallèlement à ce cursus, j'avais accepté un job dans le plus grand magasin de disque de Stockholm, Nordiska Musikförlaget, pour gagner un peu d'argent. Ça a été une bonne décision, car c'est là que j'ai pu apprendre systématiquement le répertoire classique – un savoir précieux lorsque j'ai pris plus tard la tête de Deutsche Grammophon et du Verbier Festival. Combien de concertos, de sonates ou de quatuors écrits par Mozart, Beethoven ou Chostakovitch ? Quelles étaient les meilleures versions enregistrées ? Tous les jours, au magasin, on me demandait des conseils sur les œuvres des grands compositeurs. Après deux ans à ce rythme, je savais le répertoire pour ma vie entière.

Que faisiez-vous d'autre à cette époque ?
En plus de l'université et du magasin de disque, j'avais décidé de monter ma propre série de concerts de musique de chambre. J'avais vu que le musée national de Stockholm avait une petite salle de trois cents places et un nouveau piano Steinway D. En septembre 1973, je suis donc allé voir le directeur du musée pour lui demander si je pouvais louer le hall. Nous en avons discuté, et très généreusement il m'a permis d'avoir la salle trois dimanches après-midi à l'automne, et trois au printemps. Mon ami Jerry Sheets de Marc O'Polo[1] était d'accord pour être le mécène de cette série de concert et payer la promotion, les affiches et les programmes. Ainsi, la série Unga Svenska Musiker ("Les jeunes artistes suédois") était née.

Qui avez-vous invité ?
La première année, il y a eu notamment le violoncelliste Frans Helmerson et les pianistes Roland Pöntinen et Staffan Scheja. Ça a été un succès immédiat dû à l'heure attractive des concerts et au prix raisonnable des billets. J'avais gardé la même règle qu'à l'école : 80 % des bénéfices pour les artistes et 20 % pour moi. Cet arrangement était satisfaisant pour tout le monde. J'ai dirigé cette série pendant deux ans avant de la confier à un successeur. À ce moment-là, je suis parti pour Paris.

Avant cela, que faisiez-vous encore en Suède ?
Je passais beaucoup de temps avec Ragnar Grippe, un compositeur, Carl Johan Falkman, un baryton, et Staffan Scheja qui était devenu un ami proche. C'était un merveilleux pianiste, qui avait en Suède une immense popularité. Comme je souhaitais à cette époque devenir agent d'artistes, j'ai commencé à organiser différents événements pour lui. Le projet le plus amusant et rentable réalisé ensemble fut une tournée de quelque vingt dates de concerts de Malmö, dans le Sud de la Suède, jusqu'à Kiruna, dans le Nord. J'avais loué des salles de concert, imprimé des affiches et des programmes et fait de la publicité dans les médias locaux. Nous avions loué une voiture que je conduisais. Chaque jour nous roulions, une petite répétition avait lieu,

1. La marque de vêtements Marc O'Polo a été créée en 1967 par l'Américain Jerry Sheets et les Suédois Rolf Lind et Göte Huss.

puis le concert. Tout cela fonctionnait très bien… Le 14 décembre 1974 – un jour qui allait se révéler important –, Staffan avait invité une jeune soprano américaine à se joindre à lui pour un récital de lieder au Konserthuset de Stockholm. Il l'avait rencontrée à la Juilliard School de New York pendant ses études et ils étaient devenus amis. Elle était arrivée deux jours avant en Suède, mais il n'avait pas pu l'accueillir, car il avait un gros rhume. C'est donc à moi que cette tâche est échue. J'ai ainsi rencontré pour la première fois cette belle, jeune et amusante fille noire américaine de New York, Barbara Hendricks.

Que s'est-il passé ensuite ?
Nous avons passé du temps ensemble à Stockholm, autant que possible. Et, bien sûr, j'ai tourné les pages pendant le concert. Six mois plus tard, en juin 1975, j'ai été bénévole au Festival d'Aldeburgh en Angleterre, comme je l'ai déjà raconté. J'ai vu que Barbara y chantait, dans *Elijah* de Mendelssohn, sous la direction de Kurt Masur. Je ne pouvais pas rester jusqu'au soir du concert, mais nous avons dîné ensemble le soir précédent. Elle me racontait que le maestro Masur ne la traitait pas bien. Barbara remplaçait Sheila Armstrong au sein d'un *cast* composé de chanteurs anglais. M. Masur l'arrêtait sans cesse pendant les répétitions en lui faisant des remarques sur son accent américain… Barbara était vraiment énervée, mais la soirée avec elle avait été très agréable.

Qu'avez-vous fait à la rentrée 1975 ?
J'ai continué à travailler avec Staffan, qui souhaitait également jouer en dehors de la Suède. Je lui ai alors suggéré de participer à un concours international de piano afin d'attirer l'attention sur lui. Il n'était pas très chaud… J'ai cependant pris les devants et je l'ai inscrit au Concours Busoni[1]. Je l'ai retrouvé à Bolzano quelques jours avant le début du concours, en septembre 1975. J'avais roulé jusque-là dans ma petite Volkswagen Coccinelle ! Nous avions prévu de passer un peu de bon temps en Italie après le

1. Le Concours international de piano Ferruccio Busoni a été fondé à Bolzano en 1949 par Cesare Nordio, en hommage au grand compositeur et pianiste italien. En 1957, Martha Argerich en a remporté le premier prix.

concours et posséder une voiture était un confort appréciable. J'ai finalement passé deux semaines à Bolzano, à attendre que Staffan se fasse éliminer pour partir à la plage avec lui. En fin de compte, il n'a pas été éliminé… Il est resté jusqu'à la fin de la compétition et l'a gagnée. Il était en extase. Et tout à coup un nouvel événement est arrivé.

Lequel ?

Eh bien, Dorati a appelé à l'hôtel où je résidais à Bolzano. Je n'ai jamais su comment il avait pu savoir où j'étais… Il voulait me demander quelles étaient mes intentions ; ce que je voulais faire après ce voyage en Italie. Retourner en Suède ? Continuer mes études ? Je lui ai répondu que je devais interrompre mes études car l'armée m'avait convoqué pour le service militaire. J'étais attendu dans le Nord, à Kiruna, fin septembre. Je ne voulais pas rentrer en Suède. Il m'a alors dit qu'il avait rencontré à Paris un Allemand, qui venait de monter une agence d'artistes. Son nom était Germinal Hilbert et il cherchait un collaborateur. L'idée m'a tout de suite plu. J'ai appelé ce monsieur et lui ai proposé de le rejoindre à Paris les jours suivants pour avoir un entretien avec lui. Plutôt que de rester en Italie, je suis donc parti en direction de Paris avec Staffan et l'une des finalistes du concours, Caroline Haffner (Caroline Murat). Malheureusement, la Coccinelle n'a pas aimé la traversée des Alpes. Elle nous a lâchés en pleine traversée et j'ai dû la laisser dans une petite station-service. J'ai donné la voiture à un passant, en lui expliquant qu'elle était *top*, mais pas idéale pour la montagne… Il a accepté de la reprendre, en pensant sans doute que j'étais fou, ou bien que j'avais volé la Coccinelle. Ou bien les deux !… Nous avons finalement loué une autre voiture et avons immédiatement continué notre route vers Paris.

Comment s'est passé votre rendez-vous ?

Le rendez-vous avec le Dr Hilbert a été cordial, chaleureux même. Je suis resté deux heures avec lui au bureau d'Opéra et concert, au 5, rue du Faubourg Saint-Honoré. Il m'a dit que je pouvais rejoindre l'agence dès janvier 1976. Nous avons parlé du salaire et je l'ai quitté très heureux. Je ne connaissais pas Paris, je ne parlais pas un mot de français. Cependant, vu ma situation en Suède et ce qui m'y attendait, cette proposition tombait à pic.

Êtes-vous resté à Paris afin de fuir le service militaire ?
En fait, non. Je suis retourné en Suède, avec le sentiment d'être libéré. Je savais que l'armée allait me chercher, mais je savais comment leur échapper. Avec mon ami Jerry, nous avons échafaudé un plan un peu délirant de voyage en Inde pour combler les trois mois avant de commencer le travail de bureau à Paris. Par pure coïncidence, Liana Issakadze, la violoniste géorgienne dont j'ai déjà parlé et qui était une amie proche, était alors à Stockholm pour une série de concerts. Elle a connu mon projet de séjour en Inde et a suggéré que mon trajet passe par Moscou, où je pourrais passer du temps avec elle. Nous voilà partis pour la Russie soviétique…

Quelles furent vos nouvelles impressions de l'URSS ?
Moscou était différent de Saint-Pétersbourg. C'était une ville en noir et blanc. Il n'y avait nulle part de couleur à Moscou. Les seules apparentes étaient les feux routiers. Les voitures, uniquement des modèles Volga et Moskvitch, étaient toutes noires. La nuit, aucun véhicule ne mettait ses phares, juste de petites lumières. Cela contribuait à renforcer l'atmosphère glauque, dépressive, qui régnait. Personne ne roulait vite, de peur de se faire remarquer. Tout le monde épiait tout le monde, tout le temps. Je séjournais chez mon amie Liana et son mari Thomas, un chirurgien cardiaque. Il avait remarqué que je perdais beaucoup de cheveux depuis mon arrivée, et m'a demandé ce qu'il se passait. Je lui dis que je pensais à une mauvaise réaction allergique aux vaccins que j'avais dû faire avant mon voyage en Inde. Il m'a proposé d'aller consulter un dermatologue à l'hôpital où il travaillait. Le bâtiment était immense. À l'étage où il m'avait conduit, il y avait un long couloir rempli de brancards et de lits. Les gens gémissaient. Certainement avaient-ils eu des accidents. Je n'ai pas demandé pourquoi ils se trouvaient tous là et non dans des chambres… Thomas vint me chercher et m'accompagna dans une grande pièce. De proportions démesurées, même, avec un plafond très haut. Il y avait des chaises, un bureau, un lit et un évier, très sale, avec quelques "instruments" posés dedans. Cela me fit penser au film *Autant en emporte le vent*, que je venais de voir : un hôpital en temps de guerre. Un médecin apparut et m'ausculta. À aucun moment il ne me regarda dans les yeux. Il donna à Thomas un papier avec une prescription de médicaments. Nous sommes ensuite allés dans une pharmacie.

Impossible de savoir, de l'extérieur, que cela en était une. Nous avons eu du mal à entrer, puis à nous frayer un chemin à l'intérieur, tant il y avait de monde. Heureusement, Thomas était grand et savait s'imposer. À travers une foule très bruyante, il est parvenu jusqu'à un guichet. Il a demandé les médicaments au pharmacien. Il n'y avait pas de boîte ou de sachet de médicaments. Les pilules étaient comptées, puis déposées dans un papier. En arrivant à la maison, il m'a donné la première série de pilules à avaler. Je n'avais jamais vu des pilules aussi grosses de ma vie. "Ils ont dû te donner une prescription pour un cheval !" plaisanta Thomas. En fait, je n'ai jamais su ce que j'ai pris. Rien n'était écrit nulle part... Ensuite j'ai fait semblant de prendre ces médicaments. Je n'avais pas confiance.

Ensuite, comment êtes-vous arrivé en Inde ?
En avion pour New Delhi. Thomas et Liana m'ont déposé à l'aéroport de Moscou très en avance. Ils m'avaient expliqué qu'on ne savait jamais ce qu'il pouvait s'y passer et que, donc, il fallait prendre plusieurs heures de marge avant un vol. Bien leur en a pris. Sans doute d'instinct, j'avais tout fait pour être un des premiers à entrer dans l'avion au moment de l'embarquement. Les gens n'arrêtaient pas d'affluer dans l'avion, un Tupolev d'Aeroflot. Des gens et aussi des bagages, des sacs en tous genres, etc. Je n'avais jamais vu un tel chaos. Au bout d'un moment un homme a voulu prendre ma place, s'est mis à me crier dessus, puis a essayé de me déloger, de manière de plus en plus agressive. La femme à côté de moi m'a fait comprendre que je devais résister coûte que coûte. Au bout d'un moment, un homme en uniforme a fait son apparition et a poussé dehors les dizaines de personnes qui n'avaient pas pu s'assoir. Il y avait visiblement un *surbooking*. Pas de cinq ou six places, mais de plus de cinquante ! Un vrai cauchemar. À la fin nous avons pu décoller, avec un groupe de gens étranges assis dans le couloir. Sans doute par miracle, il n'y a pas eu d'accident jusqu'à l'arrivée.

Pourquoi aller en Inde ?
Mon ami Jerry Sheets y avait des usines de vêtements. Comme de nombreuses personnes intéressantes dans ma vie à cette époque, je l'avais connu par l'intermédiaire de ma sœur Marion. Je dois redire qu'elle a joué un rôle fondamental dans mon éducation. Pas directement, plutôt *indirectement*. Marion

avait six ans de plus que moi et elle était exceptionnellement belle et charismatique. Elle avait donc de nombreux amis et admirateurs. Certains d'entre eux acceptaient volontiers ma présence. Notamment Jerry. Avec Marion et son groupe de connaissances, nous allions souvent dans la petite maison rouge qu'il possédait dans l'archipel de Stockholm. Nous faisions aussi des excursions avec d'autres amis un peu partout dans le pays. Au fil du temps, j'étais devenu proche de Jerry, et il me prêtait souvent son extraordinaire appartement du centre-ville, avec une vue à couper le souffle sur le port de Stockholm, quand il partait en voyage. Un endroit idéal pour les rencontres romantiques !... Jerry et moi sommes restés deux mois ensemble en Inde.

C'était l'époque hippie. Qu'avez-vous fait là-bas ?
Nous avons beaucoup voyagé. D'abord de New Delhi à Bombay en train. Puis de Bombay à Goa en bateau (troisième classe !) et plus tard à Thiruvanathapuram dans le Kerala par avion. Nous avions chacun un sac à dos et vivions en effet sur le mode hippie. Au sud de Thiruvanathapuram, à Kovalam Beach, Jerry avait réussi à louer une petite cabane sur la plage, où nous sommes restés quelques semaines. Évidemment sans eau, ni électricité, avec juste un trou dans le sol en guise de nécessités. Mais c'était sur la plage, sous les palmiers.

Avant de retourner à Stockholm, je devais à nouveau me faire vacciner. Mon allergie était toujours active et j'avais pratiquement perdu tous mes cheveux depuis mon départ de Moscou... Jerry avait engagé deux garçons du coin pour nous aider à pêcher et à faire les courses. Ils m'ont demandé s'ils pouvaient m'aider avec mes cheveux. Je devais avoir l'air vraiment bizarre ! Ils connaissaient un guérisseur, m'ont-ils assuré. Nous étions loin de tout sur cette plage, et après un très long trajet en bus, puis une marche interminable dans la forêt, nous sommes enfin arrivés. Évidemment, j'étais là le seul Blanc. Un vieil homme à la longue barbe blanche est venu à ma rencontre pour m'accueillir. Les garçons qui m'accompagnaient ont alors expliqué ce qui se passait. On m'a demandé de m'allonger sur une grande table. Tout cela se déroulait à l'extérieur et un groupe assez nombreux s'était formé autour de moi pour assister à l'expérience. Le guérisseur ne parlait pas anglais, mais il expliqua aux garçons ce qu'il allait faire et comment me soigner. Il me vendit aussi une bouteille contenant une étrange substance noire – réalisée à partir de plantes venant apparemment de l'Himalaya. Je devais masser mon crâne avec. En rentrant, les garçons m'ont expliqué que le guérisseur leur avait donné une liste de graines à prendre chaque jour sur deux types d'arbres différents, d'en faire une pâte et de masser mon crâne avec cela en alternance avec le contenu de la bouteille. Ainsi, tous les jours, ils grimpaient au sommet de ces grands arbres afin de collecter ces graines pour moi. Quelques jours plus tard, mes cheveux avaient cessé de tomber et d'autres étaient apparus sur mon crâne. À ma surprise – et ma grande joie –, la médecine traditionnelle indienne avait prouvé son efficacité. Si j'avais été plus intelligent à l'époque, j'aurais rapporté quelques bouteilles de cette substance en Suède et débuté un commerce !

Et puis vous avez commencé votre nouvelle vie à Paris.
Oui. Elle a débuté comme prévu en janvier 1976. Je passais mes journées avec Germinal Hilbert et sa secrétaire Christa. J'avais mon propre petit bureau. Au départ, il avait été convenu que j'allais m'occuper des instrumentistes et d'une partie des chefs d'orchestre. Germinal avait une formation d'avocat, mais sa vocation était vraiment la musique. Il était né à Bayreuth et avait grandi avec la musique de Wagner. Il avait convaincu le grand chef Karl Böhm qu'il avait besoin d'un bureau professionnel pour l'accompagner dans ses engagements et Hilbert était effectivement la bonne personne pour s'occuper de lui. Après que Böhm eut rejoint l'agence Opéra et concert, de grands chanteurs comme Birgit Nilsson, Leonie Rysanek, Martti Talvela et beaucoup d'autres suivirent. Lorsque j'ai intégré le bureau, Germinal travaillait depuis un an déjà, avec une trentaine d'artistes.

Étiez-vous impressionné d'avoir à traiter avec ces grandes stars ?
Disons que je n'étais pas intimidé et que j'ai tâché de bâtir une relation personnelle avec chacun d'eux. Celle dont je me souviens le plus si je pense à ces premières années à Paris était la soprano Birgit Nilsson[1]. Lors de notre première rencontre, elle était à Paris pour chanter Elektra et je suis allé l'accueillir à l'aéroport. Nous avons eu une conversation très agréable – en

1. Birgit Nilsson, de son vrai nom Birgit Märta Svensson, est une soprano dramatique suédoise, née le 17 mai 1918 à Västra Karup et morte le 25 décembre 2005.

suédois. Elle m'est apparue très naturelle et complètement détendue. J'ai appris qu'elle était absolument “normale” si on lui parlait “normalement”. Cependant, dès qu'elle rencontrait quelqu'un qui la traitait comme une star, elle changeait complètement et devenait une autre personne. Au fond, elle avait une certaine fantaisie et était drôle.

Un jour, elle arrive à Paris et je l'accompagne pour son *check-in* au Grand Hôtel à côté de l'Opéra Garnier. Un jeune homme nous accompagne à sa chambre avec la clé, et, contre toute attente, il ne parvient pas à ouvrir la porte… C'était assez gênant pour lui. Il a dû retourner à la réception et prendre une autre clé. Lorsqu'il est parti, Birgit Nilsson a regardé par la serrure et a imaginé toute une histoire, inventant un couple de jeunes amoureux qui avaient bloqué la porte afin de passer du bon temps dans la chambre… Une fois la porte ouverte, elle a d'ailleurs vérifié que personne ne se cachait quelque part !

Quelle relation avez-vous gardée avec elle ?

Quand elle était à Paris, nous allions parfois ensemble au concert ou au restaurant. En 1982, elle a décidé de mettre un terme à sa carrière avec une série exceptionnelle de dix récitals. Elle nous a expliqué – à Germinal et à moi – que pendant toute sa carrière sur les grandes scènes d'opéra, elle s'était cachée derrière les rôles et les mises en scène. Elle avait une grande admiration pour les chanteurs qui pouvait simplement arriver devant le public, sans costume ni chichi, et chanter des lieder. Elle pensait qu'elle devait finir sa carrière ainsi. Elle avait intelligemment choisi un répertoire qui convenait à son énorme voix : Sibelius, Strauss, Wagner (les *Wesendonck Lieder*), des compositeurs suédois et du folklore. Je suis allé à plusieurs récitals et j'ai partagé avec elle son angoisse. Dans les dix-quinze premières minutes, la voix se répandait un peu partout et l'intonation était défectueuse. Puis elle parvenait à contenir sa voix et tout était merveilleux. Sept mois après sa tournée de récitals et une dernière série de représentations de *La Femme sans ombre*, l'opéra de Richard Strauss, je l'ai appelée pour lui annoncer qu'une université américaine l'avait faite “Honorary Doctorate”. La conversation ressembla à cela :

— Bonjour Birgit, c'est Martin, comment vas-tu ?

— Bien.

— Comment va Bertil ?
— Bien.
— La Suède doit être si belle à cette période du printemps.
— Oui.
— Y a-t-il un problème ?
— Eh bien, tu pourrais appeler de temps en temps…
— Oui, en effet, je vois juste le temps filer et j'en suis désolé.
— Est-ce que quelqu'un m'a demandée ?
— Oui, bien sûr. Mais tu m'avais dit que tu ne voulais plus chanter.
— C'est à moi de décider de cela, pas toi !

Voilà… Cette conversation m'avait profondément bouleversé. Évidemment, elle avait raison et j'aurais pu l'appeler, simplement pour lui dire qu'il y avait des invitations à droite et à gauche pour elle. Cela aurait été une manière plus douce certainement de finir sa carrière. Il est toujours plus facile de débuter que d'avoir à terminer…

Une autre anecdote de cette époque me revient, avec Karl Böhm. Il dirigeait *L'Enlèvement au sérail* de Mozart à Paris avec son fils Karl-Heinz Böhm dans le rôle parlé de Pascha Selim. Ils séjournaient tous les deux au Grand Hôtel en face de l'Opéra de Paris. Un jour, le professeur Böhm m'a appelé pour me demander d'aller le chercher pour la représentation du soir. Il m'a également demandé d'apporter six bouteilles de Heineken. J'étais un peu étonné de cette demande, mais j'ai pris six bouteilles, je suis allé à son hôtel et j'ai frappé à sa chambre. Il ouvrit et remercia pour les bouteilles. Je lui ai demandé si l'hôtel ne fournissait pas de minibar avec de la bière… Il m'a répondu : “Oui, bien sûr, ils fournissent des bouteilles de bière, mais Karl-Heinz vient me voir tous les après-midis pour parler et prend une bouteille de bière dans mon minibar. C'est cher, tu sais.” J'étais sidéré. Il n'a même pas proposé de payer les bouteilles que je lui avais fournies. Un grand musicien ne veut pas forcément dire un homme généreux.

Dans votre agence, vous aviez aussi la nouvelle génération.

Oui, Neil Shicoff par exemple. L'un des plus grands ténors à être jamais sorti de l'école américaine. Barbara Hendricks et lui avaient été étudiants à la Juilliard School de New York. Ils avaient participé ensemble à une *Bohème* donnée par les élèves de l'école en 1972, Barbara chantant Mimi et Neil le petit rôle de Parpignol. Tout de suite après, il avait fait des débuts très prometteurs au Met, et sa carrière était lancée. Je l'ai connu en 1979 alors qu'il chantait Werther au Festival d'Aix-en-Provence. Barbara, de son côté, y débutait en Susanna des *Noces de Figaro*. Neil possédait un très bel instrument et était un chanteur charismatique sur scène. Dans la vie quotidienne, il était très drôle et nous avions l'habitude de passer du temps ensemble. Germinal Hilbert et moi avons fini par le représenter en France et en Allemagne. Un jour de 1982, alors qu'il participait à l'Opéra de Paris à une production de *Roméo et Juliette*[1] avec Barbara, il m'a appelé. Il était aux Arcades, tout près de mon bureau, là où il y avait plein de flippers. Il me dit qu'il y avait encore de nombreux pays en Europe où il n'avait pas d'agent. Il hésitait entre son agent anglais, Tom Graham, et moi. Il m'expliqua alors qu'il allait nous mettre en compétition, et que le meilleur gagnerait. Heureusement j'étais en forme et dès le premier jour j'avais assez engrangé de promesses venant de grandes maisons pour emporter la mise… Neil avait beaucoup de talent et un jour m'a demandé d'auditionner pour Herbert von Karajan. J'ai organisé la rencontre.

Comment cela s'est-il passé ?
Pas du tout comme je l'avais espéré. Neil avait insisté, bien que Karajan n'ait rien à lui proposer pour le moment. Comme souvent avec le maestro, l'audition se déroulait dans la grande salle du Grosses Festspielhaus de Salzbourg. Karajan était là, au milieu d'une rangée, et criait un ordre, afin de faire sortir tout le monde de la salle. En quelques secondes, on avait le silence et Karajan me demanda de m'assoir à côté de lui. Je lui donnais le CV de Neil, mais il ne le regarda pas. Il demanda "In gemisto", l'air célèbre du *Requiem* de Verdi. Neil commença à chanter, mais Karajan l'interrompit après quelques mesures seulement, lui demandant de chanter *pianissimo*. Il me marmonna : "Mais votre ténor ne peut pas chanter *pianissimo* !"… Neil se remit à chanter et Karajan l'interrompit à nouveau, lui demandant s'il pouvait chanter *piano*. Neil lui répondit qu'il chantait déjà *piano*. Sur ce Karajan partit, laissant Neil furieux ! Malheureusement, ils n'eurent jamais l'occasion de travailler ensemble…

1. Dans une mise en scène de Georges Lavaudant, sous la direction d'Alain Lombard.

Parmi les jeunes chefs d'orchestre de cette époque, qui gardez-vous en mémoire ?
Giuseppe Sinopoli[1]. Son nom est apparu en 1978 auprès des amateurs d'opéra alors qu'il avait fait de bons débuts à Venise. Je le rencontrais un peu par hasard en Allemagne dès l'année suivante, et nous sommes devenus amis. C'était un homme très chaleureux, très intelligent et très cultivé. Il était diplômé en médecine, comme psychiatre, et avait parallèlement étudié la direction et la composition. Lors de notre premier rendez-vous ensemble, il m'a expliqué que les choses allaient très vite pour lui, trop vite même. Il n'avait pas d'agent, juste un assistant qui travaillait pour son éditeur à Munich. Je lui ai demandé de me montrer son emploi du temps pour la saison suivante. C'était une succession ininterrompue de productions lyriques. Aucun temps mort. Aucun engagement d'orchestre non plus… Je lui ai demandé si c'était son choix, il m'a répondu : "Non." Je lui ai donc proposé de devenir son agent pour ses engagements orchestraux et pour le lyrique en Amérique. Cela lui convenait. Je lui ai suggéré de mieux balancer son temps entre l'opéra, les concerts et la composition, d'être très scrupuleux quant aux engagements lyriques, car ils arrivent généralement trois ou quatre ans à l'avance et occupent des périodes longues, en moyenne de cinq ou six semaines.

Un autre chef d'orchestre que j'ai aidé à un moment crucial fut Myung-Whun Chung. Nous nous étions rencontrés en 1983 lorsque Barbara chantait *Rigoletto* à Monte-Carlo et que Myung-Whun dirigeait. Nous sommes restés en contact au fil des années, mais n'avons eu de relation professionnelle qu'en 1988. Il y avait de fortes tensions au nouvel Opéra Bastille de Paris entre le directeur général Pierre Bergé et Daniel Barenboim, le directeur artistique. Barenboim a été licencié six mois avant l'ouverture de l'Opéra Bastille le 14 juillet 1989. Lors d'un événement début 1989, j'avais rencontré le ministre français de la Culture Jack Lang et lui avais demandé comment ça se passait à Bastille. Il a dit que Barenboim devait être renvoyé. Je lui ai demandé si Myung-Whun Chung lui était familier. Il ne le connaissait pas,

1. Chef d'orchestre et compositeur italien, né le 2 novembre 1946 à Venise et mort le 20 avril 2001 à Berlin. D'abord cantonné dans le répertoire contemporain, il connut deux décennies glorieuses avant de mourir pendant une représentation d'*Aïda* de Verdi à la Deutsche Oper de Berlin.

mais allait parler à Pierre Bergé. Quelques jours plus tard, Pierre m'a appelé pour me dire qu'il voulait rencontrer Myung-Whun. C'était très mouvementé, car l'opéra avait besoin d'un directeur musical à temps pour l'ouverture de Bastille. Myung-Whun, qui à l'époque était pratiquement inconnu, tenait à ce poste et sentait qu'il pouvait travailler avec Pierre. J'avais déjà quitté Paris à l'époque, mais Germinal a passé le contrat du nouveau directeur artistique de l'Opéra Bastille. Ce fut une bonne combinaison et une longue histoire d'amour entre Myung-Whun et Paris commença.

Un début de carrière est souvent difficile. Quelles sont les clés du succès ?
Un début de carrière est toujours un mix entre un bon timing et une bonne préparation, afin que l'artiste en question soit en mesure de saisir les opportunités qui se présentent à lui. Dans le cas de Sinopoli, j'ai rapidement organisé ses débuts en Amérique du Nord, au Symphonique de Toronto et au Philharmonique de Los Angeles. L'Orchestre symphonique de Londres et le Philharmonique d'Israël ont suivi. De plus, le Met de New York lui a proposé une nouvelle production de *Tosca* due à Franco Zeffirelli. Giuseppe Sinopoli est devenu le nouveau nom à la mode à travers le monde, et il était prêt à assumer cette nouvelle position. Je lui ai suggéré de prendre la *Symphonie n° 6* de Gustav Mahler, dite *"Tragique"*, pour ses débuts avec les grands orchestres. Cette partition convenait parfaitement à son tempérament, tant pour le style que pour la technique. C'est devenu son porte-bonheur. Mais certains orchestres lui résistaient.

Que voulez-vous dire ?
Parfois son style de direction ne passait pas. Je me souviens particulièrement de ses débuts désastreux à l'Orchestre de Paris avec la *Symphonie n° 4* de Schumann[1]. Les musiciens ne pouvaient – ou bien ne *voulaient* – pas suivre sa baguette. Le finale, notamment, a été une véritable catastrophe, dans le sens où l'orchestre n'était pas ensemble et n'avait pas l'air de s'en

1. En février 1984. Au programme figuraient également *Le Chant du Destin* et *Nänie*, de Brahms. *Le Monde* rappelle qu'il "se fait copieusement siffler par un public majoritairement hostile, choqué par des effets appuyés et une direction qui s'attache trop peu à la lettre des partitions".

soucier. La réaction du public avait été calamiteuse… De manière rétrospective, je pense d'ailleurs que l'opéra était vraiment son point fort. Je ne vois personne pour avoir dirigé avec autant de passion les opéras de Puccini, par exemple. En 1983, il enregistrait *Manon Lescaut* à Londres avec son Orchestre Philharmonia et une distribution qui réunissait Freni, Domingo et Bruson. J'y suis allé, car je m'occupais également de la carrière de Renato Bruson. Un jour, Giuseppe et moi avons décidé d'aller déjeuner ensemble après la session d'enregistrement du matin. Domingo et le producteur de DG étaient toujours en studio. Giuseppe est allé leur demander s'ils voulaient nous rejoindre, mais ils ont répondu qu'ils préféraient rester. C'était un peu mystérieux. Au moment de reprendre les sessions dans l'après-midi, Giuseppe a demandé au producteur ce qui s'était passé entre-temps. En fait, il apprit que Domingo lui avait expressément demandé de rester pendant la pause afin de lui rendre un service. Le grand ténor se trouvait dans une forme vocale exceptionnelle. Il a donc voulu en profiter pour enregistrer tout une série d'aigus qui pourraient être utilisés plus tard par DG quand il serait moins à l'aise…

Quels autres chanteurs avez-vous connus à cette époque de votre agence parisienne ?
Jessye Norman. J'ai commencé à travailler avec elle en 1976 également. Elle était lancée dans une grande et belle carrière, et elle était très populaire en France. Elle était l'opposée de Birgit. Jessye avait toujours une attitude grandiose qui vous faisait comprendre que vous étiez son serviteur. Il y avait toujours de grandes tensions autour d'elle. Rien n'était jamais simple. Je me souviens qu'elle avait voulu passer une partie de l'été 1976 chez des amis en Corse et m'avait sollicité afin de programmer un récital à proximité. Elle me demanda de prendre des billets d'avion Air Inter, alors la compagnie locale. Je l'ai appelée le soir après son arrivée pour savoir si tout s'était bien déroulé. Elle était très inamicale, alors je lui ai demandé pourquoi, s'il avait quelque chose qui avait tourné mal. Elle me demanda si j'avais déjà volé sur Air Inter. Je lui dis "oui" et réalisais en le disant que les sièges étaient proches les uns des autres sur cette compagnie. Je lui avais pris un siège au premier rang pour qu'elle ait de la place pour ses jambes, mais ce n'était pas la question. Elle était furieuse ! J'en ai parlé à Germinal et lui ai demandé ce qu'il aurait fait. Si j'avais acheté deux billets pour

deux sièges, compte tenu de son poids et de sa corpulence, elle l'aurait également très mal pris. Il n'y avait pas de solution…

Un peu plus tard durant cette même année 1976, James Levine[1], le grand chef américain, patron du Met de New York, était de passage à Paris. Il m'a appelé pour m'inviter à dîner. Je lui ai parlé de mes débuts dans l'agence et de mon catalogue d'artistes, avec notamment Barbara Hendricks et Jessye Norman. Il m'a raconté qu'il venait d'être invité à diriger son premier concert orchestral au Festival de Salzbourg l'année suivante, et qu'il avait demandé à inscrire la *Symphonie n° 2 "Résurrection"*, de Gustav Mahler, au programme. Le festival lui avait demandé de prendre comme solistes Edith Mathis et Christa Ludwig. Il me demanda, au cas où, de vérifier la disponibilité de Barbara et de Jessye. Un peu plus tard, j'ai reçu un appel du Festival de Salzbourg expliquant que M. Levine insistait pour avoir Barbara Hendricks et Jessye Norman, et que le festival n'était pas prêt à dépenser plus de 2 000 dollars pour chacune des chanteuses, voyage et hôtel inclus. C'était très en dessous des tarifs de l'époque, mais elles étaient toutes les deux disponibles et Salzbourg est Salzbourg. Jessye pensait qu'il n'était pas juste qu'elle reçoive le même cachet que Barbara, car dans la *Symphonie n° 2* elle avait à chanter plus longtemps. À la fin, le concert a bien eu lieu et ces trois artistes américains ont fait leurs débuts au Festival de Salzbourg le même soir, le 21 août 1977[2].

Toujours des histoires de cachet !

Oui. Une autre me revient. La carrière de Barbara débutait. En 1977, elle avait enregistré un petit – mais important – rôle dans *Don Carlos* de Verdi avec Karajan, la "voix du ciel". Le chef l'invita ensuite pour chanteur la *Symphonie n° 9* de Beethoven avec l'Orchestre philharmonique de Berlin à Tokyo en octobre. Le bureau de M. Jucker, le manager de Karajan à cette époque, m'avait appelé pour me parler de Barbara. Karajan souhaitait comme

1. Voir notamment p. 111 à 116.

2. Pour Levine, il s'agissait de ses débuts dans la fameuse série du Philharmonique de Vienne. Il avait fait ses "vrais" débuts au Festival de Salzbourg en 1975 en dirigeant un concert du London Symphony Orchestra, et à l'opéra avec *La Clémence de Titus* en 1976.

mezzo Heljä Angervo, et me laissait le choix pour les hommes. J'avais rencontré Karajan à différentes reprises et j'étais heureux de comprendre qu'il avait confiance en mon jugement et en mon goût. J'avais carte blanche, avec un budget de 20 000 dollars pour les quatre chanteurs, voyage inclus. Je contactais alors Hermann Winkler et Hans Sotin, qui avaient déjà travaillé avec Karajan – je ne prenais donc pas un grand risque en proposant leurs noms. Je divisais la somme par quatre et nous nous sommes tous retrouvés à Tokyo. Tout se passait au mieux. Vint la répétition générale. À la fin, les chanteurs se sont retrouvés, tous les quatre. Sans coup férir, Hans Sotin lança : "J'adore ce genre d'engagement où l'on gagne autant en peu de temps." Tout le monde se mit gentiment à rire puis Heljä Angervo demanda de quoi il voulait parler. Sans se démonter – car depuis le début il plaisantait – il lui répondit : "Vingt mille, plus le voyage." Heljä se tourna vers Barbara et Hermann pour savoir s'ils avaient touché la même somme et ils firent signe que oui de la tête. Il était connu que Heljä n'avait pas beaucoup d'humour. Elle était tellement énervée qu'elle a très mal chanté ce soir-là !…

Dans ma longue carrière, j'ai très tôt compris que la question des cachets était très délicate pour les chanteurs. Ils étaient toujours jaloux les uns des autres et étaient terrifiés à l'idée de toucher moins qu'untel ou untel. C'est ainsi que mon principal travail a été, dans les négociations d'agent pour un grand chanteur avec une maison d'opéra, de chercher des compromis entre le cachet et le temps passé en répétitions. L'opéra souhaitait toujours payer moins et avoir un maximum de présence aux répétitions, alors que les chanteurs, en général, souhaitaient un cachet plus élevé et moins de répétitions.

Quel était votre rapport à l'argent ?

Au fond l'argent ne m'a jamais vraiment intéressé en tant que tel. Comme agent vous êtes toujours pris entre un artiste et un organisateur de concerts. Ce n'est pas très agréable et je voyais tellement de projets si excitants d'un point de vue artistique rendus impossibles pour des questions de budget. Comme je l'ai dit, j'ai été l'agent du baryton Renato Bruson pendant les dix dernières années de sa carrière. Une proposition est venue de Covent Garden, à Londres, pour une série de représentations avec Carlos Kleiber[1].

1. Voir p. 179 à 184.

On le sait, ce chef particulièrement génial dirigeait très peu. Chanter avec lui était d'emblée un événement historique. J'étais très excité par cette proposition, mais Bruson l'a refusée parce qu'il trouvait le cachet trop modeste. "Quoi ? Vous allez refuser Kleiber ? C'est impossible ! lui ai-je dit. – Martin, a-t-il répondu, vous n'êtes pas un bon agent ! Ce n'est pas ainsi que l'on sauvegarde l'intérêt de ses artistes ! Vous ne m'aidez pas !" J'ai fini par laisser tomber, et il n'a pas chanté avec Kleiber… En travaillant avec lui et bien d'autres artistes, notamment ceux qui venaient de l'ex-URSS, j'ai compris que l'argent était un "indicateur d'amour". Je suis payé cher ? C'est parce qu'on m'aime… Pas assez cher ? On ne m'aime plus ! Catastrophe ! Vous ne m'appréciez plus ? Tant pis pour vous, vous ne m'aurez pas ! C'est encore très présent chez certains solistes russes. Pour Bruson, cela venait de très loin. Il avait été cantonnier, nettoyant les rues pour gagner sa vie… Il était membre d'un chœur d'opéra, mais n'avait jamais espéré pouvoir avoir la carrière qu'il a eue. Son obsession des cachets venait de là, et ils équivalaient pour lui à une marque de respect.

Ainsi, pendant mes années en tant qu'agent, dans les années 1970-1980, je me suis dit la chose suivante : si un jour je devais mener à bien mes propres projets, je ne parlerai pas d'argent. Jamais. Que de sujets artistiques. À Verbier, dès la première année, nous avons fixé la somme de 12 000 francs suisses comme le *"top fee"*. Point. Au début les réactions n'étaient pas toujours très bonnes. Certains ne sont pas venus tout de suite, comme Anne-Sophie Mutter qui était habituée à toucher beaucoup plus ; et bien d'autres en fait. Cependant, nous avons persévéré et aujourd'hui cela semble naturel pour tout le monde. C'est ainsi et on n'en parle plus.

N'y a-t-il jamais d'exception ?

Jamais ! Enfin si, une fois : Daniel Barenboim souhaitait jouer sous la direction de James Levine, et j'ai proposé un beau projet, les cinq concertos pour piano de Beethoven, en une journée. Son agent m'a dit : "Daniel est d'accord, mais voudrait 12 001 francs, est-ce possible ?" J'ai dit "banco !". J'étais prêt à payer un franc de ma poche… Malheureusement, il a renoncé au projet l'année suivante, ne se sentant plus la force de jouer ces œuvres en une seule journée.

Comme agent, vous avez aussi participé à des aventures artistiques... intéressantes, hors des sentiers battus. Pouvez-vous nous en donner un exemple ?
Je pense immédiatement à Peter Brook, le metteur en scène anglais. Un jour du printemps 1980, il est venu me voir dans mon bureau à Paris, accompagné de son assistante Marie-Hélène Estienne. J'avoue que je connaissais mal son travail avant sa visite, mais je m'étais bien renseigné sur lui. C'était une sommité du théâtre, tout simplement. Il venait de reprendre le Théâtre des Bouffes du Nord à Paris, et prévoyait d'y monter *Carmen* dans une version revue. Il avait retravaillé les principaux personnages, avait supprimé le chœur et les rôles secondaires, selon lui "inutiles". La partition elle-même avait été relue par le compositeur Marius Constant pour un ensemble de... quinze musiciens seulement. Peter était connu pour engager de jeunes artistes et avait une vision très précise de ce qu'il cherchait pour les rôles principaux. Il avait besoin d'au moins trois artistes par rôle. Il me donnait quelques semaines pour lui préparer des auditions de jeunes chanteurs à partir de ses consignes, très précises quant aux qualités d'acteur et de maîtrise de la langue française pour les dialogues. Peter formait ainsi de véritables acteurs-chanteurs, avec des mois d'exercices physiques et de répétitions. Ensuite, on leur versait un salaire mensuel pendant le temps des représentations. Tout le monde ne souhaitait pas s'investir autant dans une production. D'autant que personne n'avait vraiment compris qu'après deux ans aux Bouffes, le spectacle allait tourner dans le monde entier ! Je suis certain d'une chose : tous ceux qui ont été de l'aventure ont été marqués pour toute la vie par ce qu'ils ont appris avec l'un des plus grands metteurs en scène de notre temps. Pour moi, à titre personnel, ce fut une expérience vraiment inoubliable. J'ai vu cette *Tragédie de Carmen* un nombre incalculable de fois, participant activement à la vie de la production. Quand j'y repense, ces années à Paris étaient décidément très riches.

Un autre souvenir parisien que j'aimerais évoquer avec vous : celui du pianiste Sviatoslav Richter, que vous avez lui aussi rencontré à cette époque...
En effet. Il était évidemment venu jouer à Stockholm lorsque j'étais adolescent, j'avais assisté aux concerts, demandé un autographe et cela s'était arrêté là. Alors que je venais de m'installer à Paris, mon ami le pianiste ukrainien Alexander Slobodyanik m'appelle pour me proposer de dîner,

me disant qu'il revenait du Brésil. "Je viens avec Richter", me précise-t-il. J'en étais très heureux, mais je craignais de ne pas pouvoir communiquer avec eux s'ils se mettaient à parler russe toute la soirée. "Non, non, ne t'inquiète pas, répondit-il, nous parlerons en allemand." Puis il me lance cette phrase étrange : "Mais, enfin, tu sais bien ce qu'aime Richter…" Je crois que j'ai compris. J'habitais alors rue Richelieu, au 14. Comme il y avait beaucoup de prostitués masculins dans le quartier, je vais voir l'un d'eux et je lui demande : "Je dois aller au restaurant avec un ami et je cherche un restaurant spécial, pour les hommes qui aiment les garçons…" Il me donne alors une adresse rue Sainte-Anne, où nous nous retrouvons tous les trois. Richter était très heureux et l'ambiance très sympathique. Le dîner a duré plus de quatre heures et à la fin Richter a demandé : "Alors ? Où va-t-on maintenant ?" Je suis allé à nouveau dans la rue voir un des garçons. Je lui ai expliqué la situation, et il a griffonné une adresse sur un bout de papier. Je suis retourné au restaurant et nous sommes tous les trois partis vers ce lieu mystérieux, proche de la Sorbonne. Il se trouvait en sous-sol. Il y avait de longs couloirs, avec, au fond, un homme et une table. Il vendait des tickets. Nous en avons pris trois et sommes entrés dans une petite pièce où se trouvaient une vingtaine d'hommes, assis, et une petite scène. Une sorte de cabaret minuscule. Sur la scène, deux hommes nus faisaient l'amour, version *hardcore*. Richter donnait l'impression d'être au paradis. Il riait, il applaudissait. Quelques temps plus tard, il m'a invité à son festival proche de Tours (La Grange de Meslay), et je lui ai tourné les pages. Ce fut notre dernière rencontre.

À qui pensez-vous d'autre ?
À Pierre Bergé, par exemple, que j'ai eu la chance de connaître dès mon arrivée à Paris. Comme chacun sait, il était le partenaire et le bras armé, tant financier qu'administratif, d'Yves Saint Laurent. Il a fait d'Yves Saint Laurent une grande marque mondiale. Pierre avait une vraie passion pour la musique. Quand j'ai fait sa connaissance, il venait d'acquérir le Théâtre de l'Athénée, dans le centre de Paris, une salle d'environ quatre cents places. Comme il y avait relâche le lundi, Pierre avait eu l'idée d'y programmer des artistes classiques, essentiellement des chanteurs. Voilà comment a débuté sa série des Lundis musicaux de l'Athénée. C'était un véritable mécène qui

aimait l'idée d'avoir des artistes jouant pour lui dans son théâtre ; et comme il avait les moyens, tous les chanteurs de l'époque sont venus pour des récitals. La première saison, nous avons ainsi présenté Carlo Bergonzi, Anna Moffo, Reri Grist, Martina Arroyo, Leyla Gencer et aussi Brigitte Fassbaender, Peter Schreier, Kurt Moll, Barbara Hendricks et plein d'autres encore. Je recevais toujours le cachet en liquide pendant la pause du récital. Mes poches se remplissaient alors de billets de banque et la plupart des artistes refusaient – je les comprends ! – d'aller ensuite dîner avec l'argent sur eux… Généralement, je devais les accompagner au restaurant, avant d'aller transférer l'argent à l'hôtel. J'ai eu le bonheur de travailler avec Pierre Bergé et son assistante Danielle Cattand jusqu'à mon départ de la capitale française en 1986.

Impossible d'évoquer ces années en France sans parler à nouveau de Barbara Hendricks…

En effet ! Elle avait commencé une carrière prometteuse aux États-Unis, ayant déjà chanté avec la plupart des grands orchestres américains et à l'Opéra de San Francisco. En Europe, cela se limitait au Festival de Glyndebourne, à l'Opéra des Pays-Bas, plus deux récitals, à Stuttgart et à Stockholm. Je lui ai écrit au printemps 1976 pour lui dire que je m'installais à Paris et que j'allais travailler comme agent. Elle voulait que je m'engage pour elle, même si je lui avais précisé que j'étais plus à l'aise avec les instrumentistes. Elle a insisté, étant sûre d'elle à mon sujet. Germinal Hilbert m'a alors aidé à organiser une tournée d'audition des grands opéras allemands en février 1977. Afin de payer son voyage et de lui permettre d'avoir un peu d'argent de poche, nous lui avons trouvé un remplacement à Radio France pour un concert, ce qui est devenu ses débuts, inattendus, à Paris. Quand je lui ai demandé où elle souhaitait résider à Paris, elle a répondu qu'elle pourrait habiter chez moi. J'étais un peu décontenancé, notamment parce que je n'avais qu'un studio, une grande pièce avec une salle de bains et une cuisine. Elle a quand même dit OK et n'a pas semblé rebutée en arrivant. C'était le début d'une histoire d'amour qui a duré vingt ans.

Comment se sont passées les auditions ?

Bien. Elles ont porté leurs fruits. Nous avons reçu une proposition pour le rôle de Susanna dans *Les Noces de Figaro* dans une nouvelle production, à Berlin, l'année suivante. Le *cast* était exceptionnel, avec Julia Varady comme comtesse, Dietrich Fischer-Dieskau en comte, José van Dam était Figaro, Hanna Schwarz Chérubin, dans une mise en scène de Götz Friedrich et sous la direction de Daniel Barenboim. Pour un début, on ne pouvait rêver mieux. Le succès a été énorme et les journaux ont titré : "Mais qui est cette Barbara Hendricks ?" Barenboim l'avait invitée à chanter dans le *Requiem* de Mozart à Paris avec l'Orchestre de Paris, ce qui a conduit Bernard Lefort, le directeur du Festival d'Aix-en-Provence, à lui proposer Susanna dans une autre nouvelle production des *Noces*, due à Jorge Lavelli, avec Samuel Ramey et Valerie Masterson, et le maestro Neville Marriner. Nous avions loué une petite maison à l'extérieur d'Aix et mes parents sont venus de Suède pour assister à des répétitions et au spectacle. J'étais très heureux d'avoir mes parents avec nous et ils ont adoré l'atmosphère – depuis ses études à Paris en 1933, mon père n'était revenu qu'une fois en France au Festival de Prades en 1956… Un soir, nous avons décidé d'aller au restaurant dans les environs. J'avais repéré une terrasse sympathique près d'un château. Nous profitions du dîner, et une voiture avec des plaques valaisannes est passée, les grilles du château se sont ouvertes : il était superbe. Quelques minutes plus tard, j'ai pris l'initiative de sonner à l'entrée. Quelqu'un a répondu, j'ai dit mon nom et expliqué que j'étais là avec ma femme qui chantait Susanna au Festival d'Aix. Solange Gaussen est alors apparue et nous a invités à venir prendre un verre chez eux. Ce fut le début d'une relation très chaleureuse avec la famille Gaussen. Le mari de Solange, Gérard, était l'ambassadeur de France en Suède, et nous a plus tard aidés à obtenir les papiers pour notre séjour en France. J'ai eu mes premières autorisations de travail en 1981, six ans après mon arrivée à Paris. Pendant six ans, je n'ai pas non plus payé d'impôts… C'était alors possible ! Mais Barbara a largement insisté pour que je régularise la situation lorsque notre premier enfant, Sebastian, est né cette année-là. Nous nous sommes mariés peu de temps après la fin des représentations des *Noces de Figaro* à Aix, au cours d'une belle cérémonie dans la salle Cocteau de la mairie de Menton. Le maire lui-même officiait et n'arrêtait pas de parler. J'étais stressé de louper le moment où je devais dire "oui", car à l'époque ni Barbara ni moi ne parlions un mot de français ! Mais nous avons finalement dit "oui" au bon moment et nous sommes retrouvés mariés le

24 juillet 1978. Ma sœur était là, de même que les deux sœurs de Barbara. Pas nos parents, malheureusement, mais beaucoup d'amis proches.

À cette époque, Barbara était en train de devenir une grande star en France…
Oui, elle chantait partout. Tout le monde voulait la voir et l'entendre. Cela a également fait décoller ma carrière, car Barbara était très peu intéressée par l'aspect technique et administratif de son succès. Ce qui comptait pour elle était le répertoire et l'idée de ne pas se présenter deux fois au même endroit avec la même robe. Tout le reste me revenait. C'est à peine si elle demandait ce qu'elle gagnait. Elle savait que je devais demander un cachet correct. Nous avions un compte bancaire commun, que nous avons partagé jusqu'à notre divorce en 1994. Je me suis finalement rendu compte que "vendre" un chanteur pour une série de représentations ne prenait pas plus de temps que de trouver un concert à un instrumentiste… J'en ai parlé à Germinal Hilbert et il a été d'accord avec l'idée que j'ai moi aussi ma liste de chanteurs pour l'agence. C'était un temps où l'Europe était submergée par les chanteurs américains, ou formés là-bas. En peu de temps, je me suis retrouvé avec nombre d'entre eux, généralement de la même génération que Barbara, tels que Neil Shicoff, j'en ai parlé, mais aussi Vinson Cole, Neil Rosenshein, Florence Quivar, Pamela Coburn, Gwendolyn Killebrew, Harolyn Blackwell, Faye Robinson, Jennifer Larmore, Frederick Burchinal, Gino Quilico (un Canadien), Arleen Augér, Olivia Stapp, Susanne Mentzer, Curtis Rayam, en plus de ceux avec lesquels je travaillais déjà avec Germinal, comme Grace Bumbry, Marilyn Horne, Jessye Norman et bien d'autres.

En 1980, Barbara est tombée enceinte. Malheureusement, ce fut une fausse couche. Un an plus tard, en décembre 1981, Sebastian Amadeus est né. Barbara n'a pas eu l'air trop fatiguée et s'est remise à chanter deux mois plus tard seulement. Qui plus est, elle avait un récital important à la Scala. Je me souviens que je me tenais hors de la scène, en coulisses, avec Sebastian dans les bras au cas où il ait faim et réclame sa mère. Jennie Victoria est née en novembre 1984, après une autre fausse couche. En plus de cela, Barbara avait attrapé la toxoplasmose deux mois après le début de sa grossesse. Son gynécologue avait conseillé un avortement, mais pour Barbara il n'en était pas question. Ainsi nous avons appelé ce bébé magnifique et bien portant "Victoire".

J'imagine qu'entre-temps vous aviez quitté votre studio parisien...
Oui ! Après notre mariage, en 1978, nous avions emménagé dans notre premier appartement commun, dans une petite rue, la rue Hérold, proche de la place des Victoires dans le 1er arrondissement. Ce n'était pas si évident pour un couple "mixte" comme le nôtre de louer à Paris à cette époque. J'avais trouvé des dizaines d'appartement qui me plaisaient, mais lorsque Barbara venait visiter dans un deuxième temps, comme par hasard notre proposition se trouvait refusée. Pour notre appartement suivant, situé tout près, rue du Colonel-Driant, nous avons eu plus de succès. Barbara était devenue une star et les propriétaires étaient heureux de nous avoir.

En France, vous avez rencontré de nombreuses autres personnalités du monde musical. Je pense par exemple à Ivry Gitlis. Comment l'avez-vous connu ?
C'était à l'abbaye de Royaumont en mai 1973. Il était "plus grand que la vie", selon l'expression consacrée, et s'intéressait à vous seulement dans la mesure où vous pouviez lui tenir tête. Ce n'était vraiment pas quelqu'un qui perdait son temps en conversations mondaines. Ses questions étaient toujours directes et allaient droit au but. Lorsque je me suis installé à Paris fin 1975, nous nous sommes souvent vus et avons passé deux ou trois dimanches dans la maison qu'il avait en dehors de la ville, sur une île, avec sa femme Sabine, trois enfants et des tas d'animaux. Lorsque Barbara et moi nous sommes mariés, en juillet 1978, Ivry et notre ami André Borosz ont organisé un concert pour nous dans le parc du Pian à Menton. Apparemment il y avait trois mille personnes qui venaient écouter un choix d'artistes jouant pour célébrer notre union. Ivry avait eu une grande carrière, notamment dans les années 1950, et lorsque je l'ai connu son style était extrêmement libre, encore plus qu'à ses débuts. Il avait fondé des festivals, notamment à Vence. Lorsque j'ai quitté Paris, j'ai perdu le contact avec lui.

Que s'est-il passé ensuite ?
Après avoir fondé le Verbier Festival en 1994, j'ai reçu divers messages de musiciens qui me disaient qu'Ivry aimerait être invité. Je ne sais pas vraiment pourquoi j'ai toujours hésité à l'inviter, mais il faut dire que ce n'était pas un client facile et que je ne savais pas bien quoi lui proposer. J'ai quelques fois eu ce sentiment, avec des artistes de grande envergure que je

devais selon eux inviter, mais que si jamais je leur demandais de jouer une œuvre de musique de chambre, ils auraient été offensés. C'était un peu comme ça avec Ivry. Je sentais une certaine tension entre nous depuis une rencontre fortuite en Italie, en 2005. Nous nous étions retrouvés totalement par hasard sur la place de Cortone, en Toscane ; Ivry jouait au festival local, et j'étais là pour accompagner ma femme Blythe[1] qui y donnait également un concert. Ivry était à la terrasse d'un café en train de lire, et nos regards se sont croisés. Je me suis installé à côté de lui, et la première chose qu'il m'a dite était de me demander pourquoi je ne l'invitais pas à Verbier. Bien sûr, nous avons eu une longue conversation et, bien sûr, je l'ai invité à Verbier l'année suivante. Sa présence à Verbier a finalement été assez différente de celle à laquelle je m'attendais. Il a donné un récital où il parlait beaucoup et jouait finalement assez peu – quelquefois de manière vraiment belle, comme au bon vieux temps. Ses aficionados avaient répondu présents et avaient l'air d'être heureux. Mais son plus grand succès cette année-là est venu de la manière dont les étudiants se sont comportés avec lui. Il était sollicité tout le temps. Il était une légende et cela s'est reproduit à chacune de ses visites suivantes. Lui apprenait principalement aux jeunes à être Ivry Gitlis ! En 2011, il a joué trois pièces de Kreisler, chacune avec une pianiste différente, Yuja Wang, Khatia Buniatishvili et Martha Argerich. Un moment très émouvant, pendant lequel tout le monde pouvait ressentir l'amour pour cet homme de quatre-vingt-dix ans, qui disait quasiment au revoir et faisait ses adieux à la scène et au public.

L'automne suivant, j'étais à Paris pour une série de réunions et il se trouvait que j'avais du temps libre un après-midi. J'ai appelé Ivry et lui ai demandé si je pouvais passer le voir. Il habitait alors près de Saint-Germain-des-Près, dans le centre de Paris. L'appartement était difficile à trouver. Ensuite, une fois entré, on avait une impression étrange. Pas vraiment d'un désordre indescriptible, mais on se disait qu'Ivry n'avait jamais rien jeté de sa vie, que tout se retrouvait là pêle-mêle… Il y avait des empilements de papiers, de livres, de meubles partout, et lorsqu'il me proposa de m'asseoir il précisa : “Enfin, si tu peux trouver quelque part où t'asseoir…”. Je lui ai demandé s'il avait une femme de ménage, et il m'a répondu que oui, mais

1. Blythe Teh. Voir p. 138.

qu'elle ne venait plus. La conversation a rebondi sur nos amis communs, sur la musique et la politique. Tout d'un coup, il m'a lancé : "Je dois te demander quelque chose. Quelque chose que je n'ai jamais demandé, car je n'ai jamais su à qui poser cette question : pourquoi n'ai-je pas eu une plus grande carrière ?" J'ai souvent parlé carrière avec les artistes, des jeunes et des moins jeunes – mais on ne m'avait jamais parlé aussi crûment. Je lui ai répondu que selon moi il n'était pas possible de le situer dans l'environnement musical habituel. Ivry n'avait pas opté pour les extrêmes comme Nigel Kennedy. Lui était un artiste classique unique, dans le sens où le violon n'était pas suffisant pour tout ce qu'il avait à exprimer à titre personnel. Il avait besoin d'un cadre plus large que les autres lorsqu'il interprétait une pièce. Cela n'était pas possible avec les meilleurs orchestres du circuit, mais uniquement avec d'autres moins réputés, qui pouvaient lui offrir ce qu'il réclamait, sans la gloire qu'il attendait en retour. Zubin Mehta l'invitait régulièrement dans le *Concerto n° 2* de Bartók, qu'il jouait étonnamment bien. Cette œuvre lui donnait toute une gamme d'expressions qui convenait à sa personnalité. Notre conversation a duré des heures, et j'ai été très touché de me trouver ainsi aussi proche de lui. Ce fut notre dernière rencontre.

À Paris, quels étaient vos rapports avec les maisons de disques, si puissantes à l'époque ?

Alain Lanceron était déjà là. Alain est une personne clé du monde de l'enregistrement depuis les années 1970. C'est une légende vivante, qui a signé tant d'artistes sur EMI et désormais Warner Classics, lorsque EMI a été rachetée par Warner. Alain avait découvert la belle voix enregistrée de Barbara très rapidement, et l'a signée pour EMI l'année où elle est arrivée à Paris. Nous avions Alain et moi entendu Barbara et Dmitry Alexeev faire un récital ensemble, avec en bis des negro spirituals. Le disque de negro spirituals[1] est devenu un succès immédiat et a aidé à propulser sa carrière. Alain avait une intuition extraordinaire, et savait quel répertoire conviendrait à Barbara, notamment pour le répertoire français. La carrière discographique de Barbara doit beaucoup à Alain et à notre amitié. Nous gardons

1. Enregistré Salle Wagram à Paris et publié en 1983.

un contact étroit depuis quarante-cinq ans. Il est toujours habité par cette passion pour les bons enregistrements.

Après votre départ de Paris, vous avez rejoint la Suisse. Vous avez créé le Verbier Festival en 1994 (nous y reviendrons) et, de 1999 à 2005, vous avez parallèlement exercé le poste de directeur artistique de Deutsche Grammophon, le célèbre label discographique, alors basé à Hambourg. N'était-ce pas trop pour un seul homme ?

Peut-être ! J'avais alors l'habitude de dire que je devais passer trois jours à Hambourg, trois jours à Vevey au bureau du Verbier Festival, et trois jours à voyager… C'était dur pour les enfants, qui me voyaient peu, et dont la mère, Barbara, était souvent absente elle aussi. Cette période fut assez turbulente. Il y avait le Verbier Festival, bien sûr, mais aussi le lancement de l'UBS Verbier Festival Youth Orchestra, une lourde structure, qui en outre devait assurer chaque automne des tournées mondiales[1]. Ajouter Deutsche Grammophon à tout cela était comme avoir trois postes à plein temps. Mais à cette époque, DG avait eu quatre directeurs artistiques en très peu de temps et Chris Roberts, le tout-puissant président du classique et du jazz d'Universal, cherchait un profil différent. Costa Pilavachi, le vice-président "artistes et répertoire" de Decca était un familier de Verbier et avait suggéré mon nom. Après trois entretiens, on m'a demandé de débuter sur-le-champ, et ainsi, en octobre 1999, je me suis retrouvé vice-président "artistes et répertoire" de Deutsche Grammophon.

Quelle était votre mission ?

Elle était claire : je devais développer une nouvelle génération de stars de la musique classique pour le label. En gros, trouver qui allait succéder à Milstein, Benedetti Michelangeli, Kempf, Gulda ou Pollini.

Comment avez-vous procédé ?

Je me souviens très bien de mon premier jour dans les bureaux de l'Alte Rabenstrasse, à Hambourg. J'étais arrivé très tôt le matin et Chris m'avait présenté aux différents services. Il y avait une soixantaine d'employés à

1. Voir à ce sujet p. 147 et suivantes.

Antal Dorati, mon deuxième père et le plus fervent supporter de mes années de développement.

Une photo de 1952 de notre appartement sur Smedsbacksgatan à Stockholm. Mes parents, ma sœur Marion et les parents de ma mère Artur et Lily Rosenfeld.

Mes parents Inge et Torolf Engström en 1978.

Ma sœur adorée Marion et moi à Stockholm en 1975.

En 1975, j'ai organisé un récital avec Dietrich Fischer-Dieskau et Wolfgang Sawallisch au Konserthuset de Stockholm. Voici une photo avec Julia Varady (Mme Fischer-Dieskau), Dieter et moi, chez nous après le concert.

Martin et Mathias Fischer-Dieskau avec moi à Berlin en 1960.

Barbara avec nos enfants Sebastian et Jennie dans le Sud de la France en 1989.

Leonard Bernstein et moi après un concert à Paris que j'ai organisé avec l'Orchestre philharmonique d'Israël en septembre 1986.

Herbert von Karajan a beaucoup apprécié la voix et le talent artistique de Barbara. J'ai aussi eu la chance d'avoir pu créer ma propre relation avec lui. Il me demandait souvent des idées pour des rôles plus petits (jeunes chanteurs) qu'il devait "caster" pour ses enregistrements d'opéra. Voici une photo de l'enregistrement de 1982 de *Turandot* à Vienne, où Barbara chantait Liu.

Mon cher ami Ivry Gitlis, avec lequel la relation d'amitié a débuté en 1973 et s'est poursuivie, passant par des hauts et des bas jusqu'à sa mort en 2020.

Dmitry Sitkovetsky, Gil Shaham, moi, Pamela Frank, Avi Shoshani, Maxim Vengerov, Vadim Repin et Yuri Bashmet lors d'une pause de répétition en 1995.

Ma femme Blythe et nos merveilleuses filles Rania et Hannah en 2022.

En 2002, Wolfgang Sawallisch a dirigé un concert avec trois jeunes solistes très doués dans le *Triple concerto* de Beethoven : Lang Lang, Jian Wang et Sayaka Shoji.

Trois professeurs de piano légendaires : Leon Fleisher, Gary Graffman et Dmitri Bashkirov à Verbier en 1998.

Pendant les neuf années d'existence de l'UBS Verbier Festival Orchestra, nous avons tourné dans plus de quatre-vingts villes et plus de trente pays différents. Pendant quatre ans, nous avons été sponsorisés par Swiss Airlines qui nous a offert notre propre Airbus lors de nos voyages en Asie, en Amérique du Sud ou en Europe. Des années incroyables.

En 2003, notre UBS Verbier Festival Orchestra a terminé sa tournée asiatique par un concert à Bombay. L'ensemble de l'orchestre a été invité à séjourner au légendaire hôtel Taj Mahal.

Lors de l'un de nos très populaires dîners d'après-concert. Cette fois, dans la maison d'Yves et Monica Paternot. De gauche à droite, Steven Isserlis, moi, Stephen Kovacevich, Monica Paternot, Gerhard Caussé, Mikhail Pletnev, Vadim Repin, Lynn Harrell, Sayaka Shoji et Yves Paternot.

Lorsque James Levine est devenu directeur musical de notre UBS Verbier Festival Orchestra en 2000, il a proposé que les principaux musiciens du Met coachent les jeunes musiciens de l'orchestre pendant quelques semaines avant l'ouverture du festival. Cette relation entre nos deux institutions est toujours en cours. Ici, une photo de 2018 avec (rangée arrière) : moi, Dorothea Noack (violoncelle), David Langlitz (trombone), Nathan Hughes (hautbois), William Short (basson), Rob Knopper (percussions), Leigh Mesh (contrebasse) ; et au premier rang : Joe Anderer (cor), Chelsea Knox (flûte), Jessica Phillips (clarinette), Desiree Elsevier (alto), Nancy Wu (violon) et Caterina Szepes (violon).

Mes frères russes Valery Gergiev et Rodion Chtchedrine en 2018.

Gidon Kremer, Martha Argerich, Mischa Maisky et moi peu avant leur premier concert en trio en 1997.

J'ai compté que j'ai été membre du jury dans quarante-six concours de musique différents – voix, violon, violoncelle et piano. J'ai particulièrement apprécié de faire partie du Concours Tchaïkovski, où j'ai été membre du jury en 2011 (violon), 2015 (piano) et 2019 (violon). Lors de ces deux dernières compétitions, j'étais le président du jury.

Mon ami d'enfance et meilleur ami, Dietmar Müller-Elmau.

Les membres de ma famille les plus proches : Dietmar Müller-Elmau, Raphael Nanchen (le mari de Jennie), Jennie avec son fils Gabriel, Sebastian avec son fils Oscar, Blythe, Hannah, moi avec Marlon (l'autre fils de Sebastian), Rania, Avi et les parents de Blythe, Ruth et Chye en 2022.

Avec Blythe, nous recevons souvent des invités dans notre maison près de Vevey. Ici, Charles Dutoit, András Schiff, Radu Lupu, moi et Gábor Takács-Nagy lors d'un dîner en juin 2020. Tous des voisins proches.

En souvenir de mon premier déjeuner avec Carlos Kleiber au Forsthaus Wörnbrunn près de Munich le 13 octobre 2000. Il y en aurait beaucoup d'autres à venir et une relation dont je suis éternellement reconnaissant.

l'époque. Dans mon département, il y avait six producteurs à plein temps, responsables de cinquante enregistrements par an. Après une journée d'entretiens, je suis allé dans mon grand bureau pour m'y installer avec quelques affaires. J'ai ouvert la porte à ma secrétaire Dorothea et demandé discrètement s'il y avait quelque part une description de mon poste. Elle s'est mise à rire et a répondu "non". J'ai alors appelé Chris, qui était déjà à l'aéroport. Il m'a juste dit d'appeler les artistes un par un et de me présenter. Ce que j'ai fait.

J'avais une équipe remarquable, avec Chris Alder, Arend et Marita Prohmann, Christian Gansch, Sid McLaughlin, Marion Thiem. Chacun responsable pour "ses" artistes. Certains de ces producteurs étaient plus difficiles à manager que les artistes eux-mêmes, mais le niveau de créativité était toujours maximal. Faire partie d'une grande entreprise comme celle-ci ne réclamait pas les mêmes qualités que dans une plus petite structure. Le budget était central, et chaque année basée sur le chiffre d'affaires de l'année précédente. J'avais un excellent directeur financier, Uwe Marquardt, qui m'accompagnait avec attention et bienveillance. À Verbier, je n'avais jamais – c'est bien entendu toujours le cas – fait de concessions artistiques pour des raisons financières. Avec DG, c'était la même chose. Si un projet artistique était assez fort pour être lancé, je le soutenais, et Uwe trouvait les moyens pour cela.

Travailler pour un label comme DG, avec une équipe passionnée et compétente, signifiait que je devais respecter leurs expériences et écouter leurs propositions. Je devais aussi accepter de ne pas être le seul avec une vision artistique. Les producteurs étaient bombardés de suggestions par les agents, les collègues, parfois les artistes eux-mêmes. Tout le monde avait des idées, tout le temps. Je les écoutais. Mais finalement, c'était à moi de faire les choix, en suivant mon intuition.

Quel genre de décision avez-vous eu à prendre ?
Trouver une soprano. DG avait eu de grandes chanteuses sous contrat, mais qu'ils n'avaient jamais traitées comme des stars, à la manière de ce que faisaient d'autres firmes comme Decca (Fleming), Philips (Hvorostovsky) ou EMI (Georghiou). DG n'avait jamais enregistré d'album solo avec Katia Ricciarelli ou Mirella Freni, par exemple. Je cherchais donc la lumière. Quelqu'un qui aurait un look d'enfer et qui chanterait

merveilleusement. J'avais passé le mot et j'ai été bombardé à la fois en interne et en externe de suggestions. Certains chez DG ont suggéré que nous devrions signer quelqu'un qui était déjà dans le circuit : trop de risques pour démarrer avec quelqu'un à partir de zéro. Après presque un an de recherche, je suis soudainement tombé sur Anna Netrebko. J'ai enquêté auprès de mes contacts de confiance et j'ai appris qu'elle était sur le point de faire ses débuts au Met de New York dans *Guerre et paix* de Prokofiev. Je m'y suis rendu le 5 mars 2002 exactement, je m'en souviens encore. Valery Gergiev dirigeait les cinq premières représentations, Gianandrea Noseda, son ancien élève, les cinq suivantes. Anna chantait le rôle de Natacha. Elle était simplement divine. On aurait dit la jeune Audrey Hepburn. Mon patron l'a vue lui aussi quelques semaines plus tard sur scène à Philadelphie dans *Les Capulet et les Montaigu*, mais n'a pas accroché comme moi. J'ai insisté. Chris Roberts était un bon patron pour moi. Il a dit que mon travail chez DG était directeur artistique, c'était donc ma responsabilité : nous avons signé le contrat en mai 2002. Durant cet été-là, sa carrière explosait avec Donna Anna à Salzbourg sous la direction de Nikolaus Harnoncourt[1], puis une fameuse *Traviata*[2] (2005). Nous avons enregistré un premier disque à Vienne avec Noseda et le Philharmonique en novembre 2002.

Avez-vous l'impression d'avoir commis des erreurs dans vos choix ?
Évidemment. Je n'ai pas écouté mon ami Bruce Zemsky de New York qui avait tenté de me convaincre de signer Rolando Villazón. Ou Shirley Thompson de Londres qui essayait de m'intéresser à un autre ténor, Jonas Kaufmann, qui à l'époque avait une belle voix claire. Rien à voir avec qui il est devenu ensuite. Mais signer un ténor était délicat. Plus encore qu'une soprano. J'avais engagé un ténor dramatique, le Canadien Ben Heppner, qui ne vendait pas bien et ensuite avait eu des problèmes de santé. Ce n'était pas encourageant. Alors dommage pour Villazón et Kaufmann. Il y a aussi les projets auxquels

1. Dans une mise en scène de Martin Kušej avec Thomas Hampson en Don Giovanni. Cette production fut reprise en 2003.
2. Dans une mise en scène de Willy Decker, avec Rolando Villazón dans le rôle d'Alfredo.

vous ne croyez pas. Et pour cela, je me devais d'argumenter, d'être également sûr de moi, car dire non à une légende n'est pas une chose facile !

Qui, par exemple ?
Claudio Abbado souhaitait que nous publiions le *Parsifal* qu'il donnait à l'Opéra de Vienne. Je suis allé voir Claudio à Berlin pour lui expliquer que je ne croyais pas que son *cast* était à son niveau ni du niveau de ceux enregistrés dans le passé par DG[1], et que pour cette raison je ne souhaitais pas en faire un disque. Ce n'était pas facile de dire non à une telle personnalité. Mais j'étais convaincu de la justesse de ma décision. Cela n'avait pas de sens de dépenser des centaines de milliers de marks pour un enregistrement d'opéra dont la distribution n'était pas de premier rang international. J'avais aussi reçu de mon prédécesseur un cycle des symphonies de Mahler avec Pierre Boulez[2]. Intéressant bien sûr, mais très coûteux. Boulez a heureusement accepté de le poursuivre à Londres avec le LSO, à Vienne et à Berlin en lieu et place de Cleveland et Chicago. La différence de cachet était importante. À cette époque avait lieu un changement structurel : les artistes devenaient, lentement, plus importants que le répertoire. Le public voulait "le dernier Bartoli", rien d'autre. Moi, j'étais le garant artistique du label. Aucun projet ne pouvait être validé sans mon aval, où que ce soit dans le monde. Après mon départ, chaque territoire a pu signer tel ou tel artiste local et la marque a perdu de sa valeur, il me semble.

Si on compare la Deutsche Grammophon de l'époque de Karajan et Bernstein et la vôtre, la différence est également sensible…
En effet, en termes de répertoire – à l'époque il était important, de même que la notion "d'intégrale" – mais aussi, plus généralement de standing. La musique classique, jusqu'aux années 1980, inspirait un respect général. Le public était cultivé, on ne pouvait pas le tromper avec des artistes *"fake"*. Certes, Karajan avait beaucoup travaillé son image autour de sa famille, de ses maisons, de son jet, de son bateau, du ski. On voyait en lui un être flamboyant. Mais en réalité, il n'était pas jet-set. Il détestait les bavardages

1. Il y avait notamment au catalogue la version dirigée par Karajan, publiée en 1980.
2. Là encore, DG avait au catalogue les intégrales de Kubelik, de Sinopoli et d'Abbado.

et les mondanités des après-concerts. D'une certaine manière, Karajan était une sorte d'anti-Bernstein.

Comment cela ?

Eh bien, Lenny, lui, voulait absolument être aimé, entouré, partout et tout le temps. Si je tombais dans un cliché un peu raciste, je dirais qu'il était un Juif flamboyant, et Karajan un Autrichien ultra-contrôlé, tant sur scène que dans la vie. Bernstein était proche de Jennie Tourel[1], la professeure de chant de Barbara Hendricks, il existait donc un lien direct entre eux. Leur première collaboration avait été la *Symphonie n° 2* de Mahler, avec le New York Philharmonic, où Barbara partageait l'affiche avec Christa Ludwig[2]. En 1985, quarante ans après la tragédie de la guerre, à Hiroshima, Barbara a interprété sa *Symphonie n° 3*, "*Kaddish*", qui avait été créée par Jennie Tourel. Une grande tournée avait été organisée pour cette occasion à travers le monde, avec l'EU Youth Orchestra. La première étape était Varsovie. Nous y sommes allés, Barbara et moi, avec Lenny, dans son jet. Deux heures de conversation intime très intéressante. Un peu troublante aussi. Il venait de Berlin où il avait vu que Karajan dirigeait la veille de son propre concert, et avait décidé d'y assister, le plus discrètement possible. On lui avait donné deux billets, à des places où on ne pouvait pas le voir. Après la dernière note, il se précipite vers la sortie, mais, manque de chance, il tombe sur Eliette von Karajan, qui l'invite à venir voir son mari *backstage*. Lenny ne le souhaitait pas, mais il s'est senti obligé d'accepter. Lorsque Karajan l'a vu arriver, m'a raconté Lenny, il a lancé : *"Alle raus !"* ("Tout le monde dehors !") Ils se sont alors parlé, tous les deux, tranquillement. Ce qui aurait pu être un moment convivial entre les deux plus grands chefs de leur temps a malheureusement été gâché par l'état de santé de Karajan. Il était très diminué, avait beaucoup de mal à bouger et Lenny était très gêné d'en être le témoin. Ces deux hommes se respectaient au-delà de leurs différences ; leurs entourages faisaient tout pour les séparer, mais il

1. Jennie Tourel, née le 22 juin 1900 à Vitebsk en Russie, aujourd'hui en Biélorussie, et décédée à New York le 23 novembre 1973, était une mezzo ayant notamment travaillé avec Stravinsky et Bernstein.
2. Un disque publié en 1988 par DG en témoigne.

n'y avait pas de guerre entre eux. Juste une grande considération, à travers la musique. Lenny m'a confié qu'il avait regretté ce moment avec Karajan à Berlin.

Qui préfériez-vous, Karajan ou Bernstein ?
Les deux ! L'humanité, l'intensité, la créativité des interprétations de Bernstein étaient extraordinaires. Le son océanique de Karajan était tout aussi fascinant…

Sur un plan plus personnel, je me souviens d'avoir organisé un concert avec Lenny et l'Orchestre philharmonique d'Israël à Paris en 1986. Lorsque la date a été confirmée par les différentes parties, l'orchestre, la Salle Pleyel et Lenny, j'ai tenté d'obtenir de lui un programme. Mais le seul sujet qui l'intéressait était : "Où la soirée va-t-elle se passer après le concert ?" Son amour des soirées… Généralement une première, puis une autre… Heureusement, ses vieux amis Sam et Judith Pisar ont proposé leur maison pour un magnifique dîner d'après-concert. Karajan, de son côté, ne restait jamais *backstage* plus que nécessaire. Son chauffeur l'attendait avec son manteau et il partait parfois à sa voiture alors que le public était encore en train d'applaudir. Il se rendait généralement à son restaurant préféré et attendait là son invité.

Chez Deutsche Grammophon, vous n'aviez pas que des chefs d'orchestre. Aussi de nombreux violonistes, dont Anne-Sophie Mutter, Gidon Kremer et Gil Shaham…
Le cas de Gil Shaham est intéressant. Voilà un artiste qui avait été signé par DG des années auparavant et qui avait réalisé de nombreux enregistrements d'une qualité vraiment exceptionnelle. Tout le monde l'adorait, sauf les gens du marketing ! Comme nombre de solistes américains, il avait le statut de star aux États-Unis, mais était peu connu en Europe. Le problème n'était pas la qualité des engagements qu'il avait en Europe, mais le peu de temps qu'il y passait. Au fil des années, ses ventes ont baissé, bien que la qualité ait toujours été là, comme avec son dernier disque pour DG, le *Concerto pour violon* et le *Double* de Brahms avec Abbado et l'Orchestre philharmonique de Berlin.

Vous avez alors signé un jeune violoniste, Ilya Gringolts…
Oui, je l'appréciais de bien des façons. Sa personnalité, sa curiosité, sa manière de pousser les limites… Mais cela ne l'a pas toujours servi à des moments clés où sa carrière aurait pu prendre un autre tournant. Je l'avais découvert lors d'une audition à Saint-Pétersbourg en 1997. Il avait joué merveilleusement alors que le pianiste qui l'accompagnait devait affronter un instrument totalement désaccordé, et dont une dizaine de touches ne fonctionnaient pas. Mais Ilya avait fait comme si de rien n'était… Il faut dire qu'à l'époque les pianos à Saint-Pétersbourg étaient souvent dans un état déplorable. Il est venu l'année suivante à Verbier et son récital m'a confirmé qu'il était un musicien ayant une véritable réflexion sur la musique, une vision des œuvres qu'il tâchait de transmettre. Lorsqu'en 1999 je suis arrivé chez DG, j'avais son nom en tête de ma liste. Évidemment, il était jeune, mais pas "sexy" comme le label le réclamait. Une sorte d'antistar, mais quel artiste ! J'avais invité Ilya à venir à Salzbourg en 2000 afin que Valery Gergiev puisse l'auditionner et que je puisse le présenter à mon patron, Chris Roberts. Chris l'a salué poliment, mais s'est tout de suite tourné vers moi avec une grimace qui voulait dire : "C'est lui la nouvelle signature ?" Il était un grand violoniste, mais ressemblait à cette époque à un gamin de Russie. Le t-shirt, le pantalon et les chaussures qu'il portait étaient usés et se trouvaient bien éloignés du glamour habituel du label jaune. J'ai produit trois disques avec lui avant mon départ en 2006 et DG ne l'a pas gardé ensuite.

Vous avez déjà évoqué Mikhail Pletnev[1]*. Que dire de plus sur lui ?*
Je vais vous raconter une histoire que j'aime beaucoup. Elle se passe après un concert à Verbier, lors d'un dîner partagé dans un chalet. Je lui demande :
— Misha, qu'as-tu fait au début de l'été ?
— Rien, répond-il.
— Étais-tu dans ta datcha pendant tout ce temps ?
— Non.
— Alors que faisais-tu ? Donnais-tu des concerts ?

1. Martin Engstroem raconte l'enregistrement d'un disque Prokofiev pour Deutsche Grammophon avec Martha Argerich p. 68.

— Non.
— Dis-moi…
— Je suis allé dans ton pays.
— Quoi ? Tu es allé en Suède ? Comme touriste ??
— Oui, on peut dire cela.
— As-tu loué une voiture ?
— Non.
— Allez, Misha, raconte-moi !
— J'ai pris mon hélicoptère.
— Quoi ?! Tu es allé de Moscou à la Suède en hélicoptère ??? Comment as-tu fait ça ? Où dormais-tu ?
— J'avais une carte indiquant où je pouvais prendre du fuel pour l'hélicoptère. Dans ces endroits-là, tu peux généralement acheter de l'eau et des sandwichs. Je dormais dans mon sac de couchage.
— Wow… Mais pourquoi la Suède ?
— Je suis également allé en Norvège. J'ai toujours souhaité visiter Troldhaugen, la maison d'Edward Grieg. Là où il a vécu et composé. C'était incroyable. On m'a laissé jouer sur son piano et c'était juste moi et le piano de Grieg. Après cela j'ai repris mon hélicoptère et suis allé au sommet de la montagne. Je me suis posé et suis resté là plusieurs heures à regarder les étoiles et à écouter le son des montagnes. C'était fantastique.

Je raconte cette histoire pour illustrer la personnalité fascinante et unique de Misha Pletnev. Il est mon idole absolue parmi les pianistes et parmi les musiciens en général. Quel génie…

Quid de Maurizio Pollini, l'un des artistes majeurs du label ?
Son contrat arrivait à son terme et je devais le renouveler. Les ventes de ses disques avaient atteint un niveau assez bas, alors que ses avances étaient parmi les plus élevées. Il appartenait à la vieille école et ne comprenait pas pourquoi cela ne pouvait pas continuer comme avant. Avec Chris Alder, son producteur, et Ute Fesquet, du département marketing, nous sommes allés le voir chez lui à Milan pour lui expliquer la situation. Nous avons été reçus dans le couloir de l'entrée. L'entretien a duré trois heures, sans que l'on ne nous propose rien, même pas à boire. Bref, nous avons bien eu l'impression désagréable de ne pas être les bienvenus. Pollini était très énervé

par notre proposition. Des avances réduites de moitié, des interviews obligatoires (il les détestait), un répertoire de récitals en solo, pas de concertos.

En 1999, vous faites une rencontre importante dans votre parcours, celle de Valery Gergiev.

En effet. Bizarrement, je ne l'ai pas rencontré avant d'arriver chez Deutsche Grammophon. Bien sûr, je savais qui il était, et j'avais observé son ascension. Je connaissais bien ses fameux enregistrements d'opéra russe parus chez Philips[1]. J'ai décidé de me présenter à lui et je suis allé le voir à Londres. Là, nous avons immédiatement sympathisé. Avant la rencontre, j'avais assuré à Costa Pilavachi (le président de Philips) que je ne signerais pas Gergiev comme chef sur DG, car il avait un contrat d'exclusivité avec Philips. J'avais en tête des projets pour lui en tant qu'accompagnateur. Le premier concernait notre intégrale des airs pour ténor de Verdi. Placido Domingo devait mener à terme ce grand projet. Trente-cinq arias étaient déjà en boîte, et il en restait environ vingt à enregistrer. Nous avons organisé un studio à Baden-Baden pendant la résidence de Mariinski en juillet 2000 et avons quasiment terminé l'intégrale. Le projet suivant a été de proposer à Valery Gergiev d'enregistrer le *Concerto pour alto* de Sofia Gubaidulina et *Styx* de Giya Kancheli. Deux pièces importantes qui n'avaient pas encore été enregistrées. Il a adoré l'idée. Nous avons réalisé l'enregistrement – avec l'altiste Yuri Bashmet – à Saint-Pétersbourg début juillet 2001 au Théâtre Mariinski. Je n'y étais pas retourné depuis longtemps et j'étais très excité de revenir dans cette si belle ville. L'enregistrement a été compliqué par les contraintes du vieux théâtre, et nous avons finalement décidé d'enregistrer tard le soir afin d'éviter les bruits parasites qu'il pouvait y avoir la journée. Le troisième enregistrement était avec Lang Lang. Le *Concerto pour piano n° 2* de Rachmaninov et les *Variations Paganini*. L'enregistrement a été réalisé à Mikkeli, en Finlande, pendant le festival de Gergiev.

1. À partir de 1990, Philips avait enregistré les principaux ballets et opéras de Tchaïkovski, Rimski-Korsakov, Moussorgski, Borodine, Glinka ou Prokofiev avec Gergiev, l'orchestre et la troupe du Théâtre Mariinski.

Lui aviez-vous déjà parlé de Verbier ?
Bien sûr ! Il voulait venir, mais nous n'avons pas pu trouver de date avant 2004. Dès lors, il est devenu un habitué. Il m'a toujours dit que les paysages de Verbier étaient proches de ceux de son enfance, dans le Caucase. Il a pris très au sérieux tous ces passages à Verbier. Chaque concert avait cinq répétitions et les étudiants ont profité de masterclass avec lui au sujet de la pratique instrumentale au sein d'un orchestre. Qui écouter ? À quel moment ? Qui suivre ? Il abordait ce genre de questions. En 2015, j'avais décidé de faire filmer les répétitions de Zubin Mehta (*Symphonie n° 2* de Mahler), Esa-Pekka Salonen (Schumann) et Valery Gergiev (*Symphonie n° 6* de Tchaïkovski). La manière dont Gergiev a fait travailler les étudiants était simplement incroyable. Après avoir vu l'enregistrement de ses neuf heures de répétitions, nous avons décidé d'éditer le matériel disponible et d'en faire un film d'une heure. On peut encore le voir sur le site internet du festival : Gergiev répétant la *Symphonie "Pathétique"*, un exemple pour tous les musiciens. En 2013, il a eu un autre moment fort, cette soirée Verdi/Wagner, le 25 juillet, où Valery a dirigé le premier acte d'*Otello* et le troisième acte de *La Walkyrie*. Une soirée qui réunissait notamment Anna Netrebko, Aleksandr Antonenko, Bryn Terfel et Eva-Maria Westbroek : un triomphe côté public.

Oui, comme une soirée de gala du Met de New York !
Parfois je me demande : ce genre de concert est-il de bon goût ? N'est-ce pas trop ? Le Festival de Salzbourg ne produit pas ce genre de soirée… Mais c'est justement l'identité de Verbier. Faire des choses différentes. Oser des programmes comme celui-ci. James Levine croyait à ce type de "gala", comme vous dites. Mais il faut faire attention : cela fonctionne quand les artistes sont heureux de participer à ce genre de fête. C'était le cas ce soir-là…

On sait par ailleurs que Gergiev, qui fuit la routine comme la peste, aime les défis…
Oui. C'est ainsi que j'ai accepté qu'il dirige *La Femme sans ombre*, l'un des opéras les plus difficiles du répertoire. Déjà James Levine avait souhaité mettre au défi l'orchestre du festival avec *Elektra*, toujours de Richard

Strauss. Mais *La Femme sans ombre*… Selon Levine et selon Gergiev, les jeunes musiciens doivent se trouver face à ce genre de partition lyrique. C'est bon pour eux, pour le chef et pour le public. Encore une fois, c'est la marque de Verbier de dépasser les limites et de voir ce que l'on peut faire ensemble.

En programmant ainsi les grands opéras – La Femme sans ombre *en 2019, ou* Adrienne Lecouvreur *l'année précédente –, l'orchestre est mis au défi, mais vous aussi, non ?*
Ah oui ! J'aime avoir à chercher un remplacement de dernière minute. Souvent on a de la chance, comme lorsque Simon Rattle a remplacé Ivan Fischer en 2019 et András Schiff en 2022. Mais j'ai aussi de mauvais souvenirs comme en 1998 lorsque j'ai dû remplacer un pianiste qui devait donner un récital dans l'église. J'ai appelé Friedrich Gulda qui avait entendu parler du Verbier Festival et qui était d'accord. Quand je lui ai offert notre cachet habituel, il a dit non… Il voulait plus que notre *"top fee"*. Pas tellement plus, mais plus. Je lui ai répondu que je ne pouvais pas le payer plus qu'Argerich et les autres artistes de haut niveau qui étaient là. Je n'ai malheureusement pas pu trouver de compromis avec lui.

Finalement, au dernier moment, on a parfois plus de possibilités que trois ans à l'avance. Mais avec *La Femme sans ombre*, j'ai été face à l'impossible. Nous avions une distribution exceptionnelle, et peu à peu, un par un, les principaux chanteurs engagés se désistaient. Chacun avait une bonne raison : Nina Stemme, Matthias Goerne, Brandon Jovanovich, Camilla Nylund, Violeta Urmana, etc. Une catastrophe. J'appelais Gergiev au fur et à mesure, et nous cherchions des remplaçants. Le temps passait. Les répétitions débutaient un jeudi et le mercredi nous n'avions toujours pas de ténor pour le rôle de l'Empereur… Je me suis alors souvenu d'une conversation avec une agente de Zürich, Rita Schütz. Elle m'avait dit que le ténor Gerhard Siegel rêvait de chanter l'Empereur. Soit ! En désespoir de cause, je l'appelle. "Vous rêvez de chanter l'Empereur ? J'ai une bonne occasion pour vous ! – Super. Quand ? – Euh… répétitions demain matin – Demain matin ? Mais je ne connais pas la partition ! Et je ne l'ai pas chez moi, c'est impossible…" Il m'a demandé de le rappeler quelques minutes plus tard : "Écoutez, j'ai trouvé la solution : je suis à quatre heures de voiture de Verbier. J'ai un coffret CD de l'opéra à la maison et je vais écouter le rôle pendant le voyage. Si Gergiev est d'accord, je chanterai avec la partition." Gergiev était d'accord et a proposé à Gerhard Siegel d'arrêter les répétitions chaque fois qu'il avait une question. Les six services se sont bien passés. Nous avons réussi à donner *La Femme sans ombre* avec une distribution... intacte. La soirée était sauvée. Les musiciens connaissaient cette histoire, pas le public. Mais je crois que cela a galvanisé tout le monde[1] ! En effet, Valery aime ce genre de situations... imprévues. La tension et l'inattendu ne lui font pas peur.

Vous non plus visiblement... Comment ont évolué vos rapports avec Gergiev ?
Pendant toutes ces années, je suis allé le voir très souvent à Saint-Pétersbourg ou à Moscou et notre amitié n'a fait que croître. Lorsqu'on lui a demandé de présider le Concours Tchaïkovski en 2011, il m'a invité à devenir membre du jury. Ensuite je suis devenu responsable du jury de piano en 2015 et encore de celui de violon en 2019. Il existe vraiment peu de chefs d'orchestre qui ont dépensé autant d'énergie et mis à disposition autant de ressources que Gergiev pour aider les jeunes instrumentistes et chanteurs à commencer leur carrière. Nous partageons cette passion de la découverte et du parrainage de ces jeunes musiciens auxquels nous croyons. Nous avons très souvent discuté de l'opportunité de pousser (ou pas) tel ou tel. De qui était prêt à se lancer dans la carrière et de qui ne l'était pas. En 2016, j'avais invité un très jeune violoniste suédois, Daniel Lozakovich, à être étudiant en résidence. Nous invitons ainsi trois ou quatre très jeunes particulièrement doués à assister à nos répétitions, masterclass et concerts. Je me suis arrangé pour passer du temps avec Daniel et sa mère, et je l'ai invité à revenir donner un concert l'année suivante. Il a alors auditionné pour Valery qui a immédiatement montré de l'intérêt pour lui. Daniel avait également eu la chance de retenir l'attention d'Eduard Wulfson cet été-là. Eduard est un coach extrêmement doué qui a fait une belle carrière comme violoniste, mais qui est ensuite passé au commerce d'instruments rares et

1. La distribution finale comportait Gerhard Siegel, L'Empereur ; Emily Magee, L'Impératrice ; Evelyn Herlitzius, La Nourrice ; Bogdan Baciu, Le Messager ; John Lundgren, Barak ; Miina-Liisa Värelä, La Teinturière...

au développement de jeunes violonistes particulièrement prometteurs. Il a également joué un rôle important dans l'amélioration des instruments à cordes de l'Orchestre du Théâtre Mariinski. Eduard s'est immédiatement proposé d'aider Daniel. Et maintenant, quelques années plus tard, je ne peux que lui donner un immense coup de chapeau pour sa patience et sa générosité. D'autres très bons violonistes tels que Marc Bouchkov, Alexandra Conunova ou Kristóf Baráti vont régulièrement prendre conseil auprès d'Eduard lorsqu'ils abordent tel ou tel répertoire.

Où situez-vous Valery Gergiev dans la hiérarchie des chefs d'orchestre ?
Au plus haut. C'est peut-être le plus grand chef d'orchestre en activité. Mais l'image que l'on a de lui comme musicien est parfois brouillée. En effet, on a l'habitude de le voir avant les concerts – ou pendant les entractes – jonglant avec plusieurs téléphones, plusieurs conversations, des solliciteurs qui sans cesse l'attendent et semblent lui prendre tout son temps et sa concentration. Et pourtant on se trompe. La qualité principale du génie de Gergiev est justement sa concentration. À un niveau que je n'ai jamais connu. En quelques instants, lorsqu'il entre sur scène, il oublie tout de la vie réelle, de ses multiples problèmes, de ses projets, et se plonge à 300 % dans la musique. Un jour, j'étais à Munich pour un de ses festivals 360°, où il donnait jusqu'à quatre concerts par jour, avec deux orchestres, le Philharmonique de Munich et celui du Théâtre Mariinski. "Pourquoi quatre concerts ? lui ai-je demandé. – Mais parce que je suis ainsi toute la journée sur scène, a-t-il répondu. J'y suis vraiment moi-même, sans contrainte, et sans les embêtements du quotidien."

En 2018, Valery Gergiev est devenu directeur musical du Verbier Festival Orchestra. Vos relations ont-elles changé ?
Nous nous sommes vus encore plus souvent ! Une fois par mois au moins, créant et développant de nouveaux projets. Il m'a invité à assister à la tournée du Festival de Pâques qu'il a en Russie. L'Orchestre du Mariinski se retrouve alors dans un train et traverse le pays pendant trois semaines. Chaque jour, le train s'arrête dans une nouvelle ville et un concert a lieu, très généralement complet. Quelques fois le train s'arrête et repart trois fois dans la journée. Parfois les musiciens vont jusqu'à garder leur habit de

concert d'un arrêt à l'autre. Pas le temps de se changer, tout simplement ! Malheureusement il n'y a pas assez de douches à bord, mais on y sert à manger. Quel grand et beau pays que la Russie. Il y a tellement à y découvrir.

Avec le temps, Valery est devenu très aidant pour identifier d'éventuels sponsors pour le Verbier Festival. Il sait ce que c'est de s'occuper d'une institution dépendante d'un financement extérieur ! Son réseau est impressionnant. Les présidents, les ministres, les PDG, les artistes : tous viennent à ses concerts et au dîner qui suit généralement. Le nombre de personnalités intéressantes que j'ai rencontrées grâce à lui est incroyable. Malheureusement, à cause de la guerre en Ukraine, en 2022, nous avons dû arrêter notre collaboration, ce que je regrette profondément.

Vous avez passé six ans chez Deutsche Grammophon. Pourquoi pas plus, finalement ?
Eh bien, parce que j'ai ressenti le besoin de me concentrer entièrement sur le Verbier Festival et le développement de l'UBS Verbier Festival Orchestra. Je venais aussi de rencontrer Blythe et j'avais besoin de plus de temps personnel.

JAMES LEVINE

Pendant l'été 1976, ma mère et moi sommes allés passer quelques semaines à Schloss Elmau. J'avais en ma possession une brochure du Festival de Salzbourg et avais vu que Dietrich Fischer-Dieskau y chantait début août un récital. Nous avons donc décidé d'aller à Salzbourg quelques jours et, heureusement, il a pu nous inviter à son merveilleux récital de lieder de Mahler, accompagné par Wolfgang Sawallisch. Par chance, j'ai rencontré Christoph Eschenbach à ce concert. Christoph, que je connaissais déjà, m'a gentiment invité à venir entendre avec lui *La Clémence de Titus*, l'opéra de Mozart dans lequel James Levine faisait ses débuts à Salzbourg[1]. Après la représentation, j'ai été invité à rejoindre Christoph, James Levine et son frère Tom pour le dîner. Je ne pouvais pas savoir que c'était le début d'une longue et fructueuse relation entre Jimmy Levine et moi.

Lors de cette première rencontre, il m'a demandé comment je voyais mon avenir. Je lui ai alors répondu que j'étais heureux dans mon travail d'agent à Paris, mais que mon rêve était de monter un jour mon propre festival. En fait, j'avais déjà eu cette conversation avec Fischer-Dieskau quelques mois auparavant. Nous avions évoqué l'idée de créer un festival du genre d'Aspen[2] ou de Tanglewood[3] en Europe. Il y existait de très nombreux

1. Voir note 2 p. 85.
2. L'Aspen Music Festival and School est un festival d'été associé à une école de musique classique situé à Aspen aux États-Unis, dans le Colorado.
3. Le Festival de Tanglewood, dans le Massachusetts, aux États-Unis, fait figure de résidence d'été du Boston Symphony Orchestra.

festivals, mais aucun possédant une véritable orientation pédagogique, de formation des jeunes musiciens. Or Fischer-Dieskau venait de quitter Berlin pour Berg, près de Starnberg, au sud de Munich, en Bavière. Là, il avait repéré près de chez lui un vaste terrain à vendre et pensait y créer un festival. Je demandai à Jimmy s'il avait un peu de temps pour le rencontrer à Salzbourg. Ils ne se connaissaient pas. Il était évidemment d'accord. Le rendez-vous eut lieu après notre départ, à ma mère et à moi. Mais d'après les deux parties, il fut très agréable. Fischer-Dieskau a expliqué son idée de créer un festival autour de l'amitié entre les compositeurs Gustav Mahler et Hugo Wolf. Il estimait qu'il y avait là matière pour animer un événement intéressant pendant de nombreuses années. Leur enthousiasme était réel, mais l'idée ne se réalisa pas, faute de disponibilité. Jimmy devint vite un chef clé des festivals de Salzbourg et de Bayreuth, et ce jusqu'en 1998, après quoi il devint un habitué de Verbier.

J'ai continué à voir souvent Jimmy après l'été 1976. Je tentais ma chance lorsque j'étais à New York et souvent cela marchait. Nous nous retrouvions toujours autour d'un bon repas. Je lui parlais de mes projets de festival et des nouveaux chanteurs avec lesquels je travaillais. Il partageait avec moi ses vues au sujet du Met et notamment sa frustration concernant la programmation d'œuvres contemporaines. Nous parlions beaucoup des chanteurs du passé – un sujet où il était intarissable, tant il adorait les chanteurs – et d'autres questions comme l'absence de grands chefs – lui mis à part, bien sûr ! – en ce temps-là au Met. Carlos Kleiber était bien venu y diriger quatre productions, mais il n'existait aucune continuité. Je demandais à Jimmy s'il laisserait un titre important du répertoire à l'un de ses éminents collègues, ou s'il préférerait les garder pour lui. Il eut l'air sincèrement surpris par ma remarque, mais je pensais que la clé du problème était bien là : il aimait diriger toutes les nouvelles productions et laissait les reprises aux chefs invités. Il pensait rendre service aux visiteurs qui passaient ainsi moins de temps à New York, car les répétitions pour les reprises, comme on le sait, sont réduites au minimum. Une nouvelle production oblige à des semaines de présence. Heureusement, j'avais convaincu Jimmy de laisser à Giuseppe Sinopoli la nouvelle *Tosca* de 1985 avec Hildegard Behrens et Placido Domingo.

Après avoir lancé le Verbier Festival en 1994, je lui ai régulièrement envoyé nos programmes et lui ai parlé des projets qui s'y préparaient. Je ne lui ai pas proposé de venir diriger en Suisse, car dès les prémisses de Verbier il m'avait clairement dit : "Ne me propose rien tant que tu ne seras pas prêt pour moi." Le message signifiait que je devais avoir un festival en bon ordre de marche avant d'inviter Jimmy à y participer. J'ai sagement suivi son conseil. Je suis allé le voir à l'automne 1998 pour lui demander s'il souhaitait désormais nous rejoindre. Je pensais être "prêt" pour lui. Je ne savais pas qu'en outre, à cette date, il avait choisi de ne plus prendre d'engagement à Salzbourg et à Bayreuth. Il était donc libre pendant l'été 1999. Il me demanda quel était l'orchestre prévu en résidence. C'était celui du Curtis Institute de Philadelphie. Il me demanda aussi un choix de répertoire et je suggérai la *Symphonie n*° *6* de Mahler, une de ses grandes spécialités. Jimmy se rendit à Philadelphie et l'orchestre au grand complet (plus de cent musiciens) alla aussi à New York travailler avec lui. Cela faisait partie de notre arrangement. Jimmy souhaitait les tester, comprendre leur niveau réel. Il arriva finalement à Verbier à la mi-juillet et eut cinq répétitions supplémentaires sur place. Le résultat fut incroyable : un concert mémorable pour nous tous.

Mes contacts avec Jimmy se sont alors faits plus réguliers. J'ai compris qu'il était d'accord pour nous aider à retrouver à Verbier l'atmosphère qu'il avait connue adolescent au Festival d'Aspen dans le Colorado. C'était à cette occasion qu'il avait vraiment compris ce que signifiait une communauté d'artistes, qu'il avait pu partager sa passion pour la musique avec d'autres gens de son âge, et des maîtres professeurs. Bref, c'était à Aspen que Jimmy avait acquis une certaine maturité. Ainsi pensait-il, à juste titre, que les festivals d'été doivent remplir une certaine fonction, et permettre aux jeunes d'apprendre avec leurs professeurs. Prendre part à un tel événement demande une certaine curiosité, alliée à un esprit d'aventure. Après avoir passé tant d'années l'été entre Salzbourg et Bayreuth, Jimmy voulait retrouver ce moment d'échange unique. Il avait décidé de retourner à l'idéal de ses jeunes années et voulait partager tout ce qu'il avait appris depuis avec la nouvelle génération. Lorsqu'il évoquait le souvenir d'Aspen, c'était pour évoquer un autre temps, celui où les routes n'étaient pas encore pavées. Évidemment, c'était un passé lointain.

La question du répertoire – quelle musique choisir pour tel ou tel orchestre – était au cœur de nos discussions. J'adorais ces échanges sans fin au sujet de telle ou telle partition, pour savoir avec quelle autre œuvre il convenait de la coupler lors d'un concert. Nous en parlions encore et encore, décidions d'un programme puis le changions. Et chaque année nous recommencions, avec pour but de présenter aux jeunes musiciens des partitions qui leur permettent d'apprendre un maximum de choses. Jimmy ne s'intéressait pas uniquement à ses propres concerts. Il voulait aussi savoir qui venait, et quels étaient les autres programmes. Il souhaitait une expérience complète pour chaque instrumentiste. Dans ce but, il estimait que Berlioz était le compositeur idéal pour apprendre. Un orchestrateur de génie. La grande connaissance que Jimmy avait de l'orchestre faisait de ses répétitions de véritables masterclass.

Je peux donner un exemple typique de ce qui se passait l'été à Verbier avec Jimmy. Nous déjeunions ensemble à la terrasse du Rosalp, son restaurant préféré. Tout à coup, sans raison particulière, il me demande si nous avons la *Symphonie n° 2* de Brahms dans notre librairie musicale. J'appelle Claudio, l'assistant de Levine, qui répond "oui". Jimmy ordonne alors de mettre la partition sur tous les pupitres avant le début de la répétition suivante. Bien que très surpris, je ne questionne pas sa demande et nous terminons notre déjeuner. Puis nous allons à pied à la répétition. Évidemment, les musiciens sont tous intrigués par ce qu'il se passe. Pourquoi, tout à coup, la *Symphonie n° 2* de Brahms ? Elle ne figurait pas au programme du concert… Jimmy entre, et dit : "Maintenant, Brahms !" L'orchestre joue l'œuvre d'un bout à l'autre, puis il y a un grand silence. Jimmy prend alors la parole et demande : "Qui d'entre vous a déjà joué cette symphonie ?" Quelques rares musiciens lèvent la main. Jimmy n'était pas vraiment surpris. Il reprend la parole. "Vous jouez Chostakovitch, Prokofiev, Mahler, Stravinsky remarquablement bien, mais Brahms appartient au cœur du répertoire. Vous ne pourrez devenir un musicien d'orchestre accompli sans avoir appris à bien jouer Brahms. Je vais voir avec Martin et nous allons changer nos plans pour l'an prochain. Vous avez tous besoin de ce type de répertoire." Il a ensuite poursuivi la répétition, avec la pièce prévue au départ.

Une autre facette de Jimmy était sa maîtrise pianistique. Je trouvais qu'il pouvait montrer autant de couleurs avec son piano qu'il ne le faisait à l'orchestre. Or il ne se produisait quasiment jamais au piano en dehors de New York et lors de quelques récitals avec de grands chanteurs. J'ai donc insisté afin qu'il puisse donner des concerts de musique de chambre tous les étés à Verbier – en plus de concerts comme chef d'orchestre. Il a accepté et a ainsi joué en duo avec Evgeny Kissin, un récital avec Dmitri Hvorostovsky, un *Voyage d'hiver* avec Thomas Quasthoff, le *Quintette* de Schumann avec des musiciens de l'orchestre et Lynn Harrell, ou encore les *Liebeslieder Waltzer* de Brahms avec Yefim Bronfman. Ces souvenirs me font penser à un dîner chez moi avec Radu Lupu. Nous parlions des artistes en général, de différentes interprétations. Je lui posais à un moment une question très ouverte : avec qui voudrait-il jouer de la musique de chambre s'il pouvait choisir ? Il me répondit immédiatement : "James Levine." Je lui fis part de ma surprise, mais il rétorqua que je ne devrais pas m'étonner, dans la mesure où Levine était l'un des meilleurs pianistes en activité.

En général, Jimmy, son frère Tom et l'assistant de Jimmy, Ken Hunt, descendaient à l'Hôtel du Cap d'Antibes pour prendre des vacances après la période passée à Verbier. Ils y restaient deux ou trois semaines avant la reprise de la saison au Met. Avec ma femme Blythe, nous sommes allés les voir jusqu'en 2006. Jimmy avait une suite qui donnait directement sur la mer et apportait là des partitions, des enregistrements, des pierres semi-précieuses, tout un tas de choses qui lui permettaient de se sentir bien. Il voyageait toujours avec un nombre incalculable de valises. Il avait un rapport privilégié avec le compositeur américain Elliott Carter[1], et me montrait souvent ses dernières œuvres. Certaines lui étaient dédiées et il en était très fier. Ces moments où il était en vacances, et détendu, étaient les plus intéressants pour moi. Nous parlions de Verbier et du répertoire – vraiment, je le répète, son sujet favori de conversation. Nous montions des concerts de rêve avec des distributions de rêve. Nous parlions des tournées et des enregistrements (j'étais chez Deutsche Grammophon à cette période). Et aussi de sa maladie. Il devenait de moins en moins mobile et ce problème, grave, s'accentuait. Une chose à laquelle il ne pouvait pas renoncer était la nourriture. Les dîners avec Jimmy étaient réputés et mémorables aussi pour cela. Ces moments pouvaient durer à l'infini. Il n'y avait rien d'assez rare

1. Elliott Carter (1908-2012). D'abord influencé par Charles Ives et Nadia Boulanger, avec qui il étudie en France, il compose dans un style néoclassique, puis s'adonne à une musique plus abstraite, atonale et complexe.

ou cher pour lui (c'était généralement lui qui invitait), que l'on parle de mets ou de vins. Les grands restaurants de New York le connaissaient et il y avait sa table. Il arrivait généralement un quart d'heure avant l'heure du rendez-vous pour se fondre dans l'atmosphère. Je me souviens d'un dîner de Thanksgiving que nous avons passé tous les deux à Boston en 2005. Il n'était pas en forme et pouvait à peine se déplacer. Mais pour ce repas, il a commandé du foie gras, une dinde avec tous les accompagnements possibles et, bien sûr, son dessert favori, des profiteroles. Je n'en revenais pas de son appétit, et pourtant j'y étais habitué après tant d'années passées auprès de lui. Rien n'avait pu le faire changer de régime, même pas ses problèmes graves de santé[1].

1. Sur James Levine, voir également p. 148 et 149.

IV

L'AIR DE VERBIER

"C'était bien calme à Verbier avant vous !"
Un habitant de Verbier apostrophant Martin Engstroem dans la rue

Avant de lancer le Verbier Festival, quels projets avez-vous eus en Suisse ?
Ils ont été nombreux. Après mon installation en Suisse, des opportunités se sont vite présentées. Un exemple ? Au printemps 1993, le nouvel Auditorium Stravinski a été inauguré à Montreux. Les autorités m'avaient demandé de les aider à imaginer la cérémonie d'ouverture. Nous avions l'Orchestre symphonique de Londres (LSO), Sir Georg Solti et Barbara Hendricks comme soliste. Mel Ferrer était également impliqué. Quelques jours plus tard, Solti m'a demandé de venir chez lui, dans son chalet de Villars-sur-Ollon, à 45 minutes de chez moi. Il avait aimé l'acoustique et plus généralement la salle, et souhaitait lancer là un festival de Pâques. Sir Georg voulait donner quelques concerts avec le LSO et une soirée spéciale avec *Parsifal*. J'ai commencé à travailler à un budget. Nous avons eu un déjeuner avec le maire de Montreux, Fredy Alt, à qui nous avons présenté nos idées. M. Alt n'a pas montré une once d'intérêt pour le sujet et n'a pas souhaité investir un centime dans le projet. Il y avait déjà à Montreux un festival, le Septembre musical, et c'était selon lui suffisant. Si nous trouvions de l'argent privé, nous pourrions avoir la salle gratuitement. Voilà. Rien de plus. Nous avons tous les deux, Sir Georg et moi, quitté ce rendez-vous assez déprimés. Je lui ai alors parlé de mes rêves pour Verbier, et avoué

que j'étais déjà bien occupé à trouver de l'argent de ce côté-là. Mais Solti était intéressé par Montreux, pas par Verbier, et nous en sommes restés là.

Qu'est-ce que Mel Ferrer, l'acteur et producteur hollywoodien bien connu, venait faire là ?
Je l'avais rencontré par hasard quelque temps auparavant. Barbara et moi assistions à un concert à la Fondation Gianadda à Martigny. J'étais assis à côté d'une personne dont le visage m'était familier. J'ai alors reconnu Mel Ferrer. Il était très charismatique, grand, avec un regard particulièrement pénétrant. Nous nous sommes mis à parler ensemble et avons décidé de nous revoir. Il habitait avec sa femme Lisa près de chez nous. Cet homme avait toujours cent projets en tête, il était extrêmement créatif. Lorsqu'a eu lieu l'inauguration de l'Auditorium Stravinski, il s'est mis en tête que l'éclairage n'était pas bon et a décidé de "l'améliorer". Il a parlé au directeur technique de la salle et imaginé tout un tas de choses. Heureusement, rien n'a été mis en place avant les bis. Je dis "heureusement", car j'avais anticipé la réaction de Solti s'il avait dû diriger un concert entier avec un éclairage "créatif" ! Il n'aurait pas supporté. Barbara a chanté ses airs et, tout à coup, au moment du bis, le noir a été fait, avec un seul spot sur elle. Solti, comme prévu, est devenu fou. Il m'a traité de tous les noms en coulisses. Il a arrêté uniquement lorsque Mel est venu lui demander comment il avait trouvé l'éclairage. Heureusement pour moi, Sir Georg a alors changé de cible ! Pauvre Mel…

Avez-vous continué à le voir ?
Oui. Après la douche froide de Montreux, nous nous sommes retrouvés plus calmement chez lui à Saint-Prex, près de Lausanne. Mel habitait depuis longtemps la région. Sa femme précédente avait été Audrey Hepburn, avec qui il avait vécu à Tolochenaz, non loin de Saint-Prex et que j'avais eu la chance de rencontrer à plusieurs occasions. Ce fut le début d'une relation régulière entre Mel et moi. Il avait notamment un projet de comédie musicale autour du conte *La Petite Fille aux allumettes* d'Andersen. Il avait pensé à Michel Legrand pour la musique et avait commencé à travailler le livret. Mel voulait que je produise le spectacle, et il aurait aimé que cela soit à la Salle Stravinski. Michel Legrand, qui habitait lui aussi dans la région, avait commencé

à composer. Mais la grande différence entre Mel et lui était que Mel n'avait pas lancé le projet pour l'argent. Il croyait simplement en cette idée et souhaitait la mener à bien. Pour moi, travailler avec ce grand ponte d'Hollywood constituait une expérience inédite. J'ai beaucoup appris, mais je n'ai pas pu aller au bout de ce qu'il me demandait. J'étais alors déjà trop absorbé par le lancement du Verbier Festival et les nombreuses difficultés que je rencontrais. J'ai toujours le livret dont j'aimerais un jour tirer quelque chose. Quant à la musique de Michel Legrand, nous ne l'avons jamais reçue. Il n'avait rien voulu partager avant d'être payé. Mel, qui est mort en 2008, était devenu un grand soutien de Verbier et avait toujours plein d'idées de collaboration. Peu importait qu'il n'y ait pas de théâtre à proprement parler à Verbier.

Quelles ont été les personnalités clés pour le développement du Verbier Festival ?
D'une certaine manière, toute ma vie a convergé vers cette idée du Verbier Festival dans les années 1990. Mais rien ne serait arrivé sans certaines rencontres. Je dois notamment parler de mon ami Avi Shoshani. Il a été très impliqué dès les origines. C'est lui qui a rendu possible notre première résidence d'orchestre, avec le Young Israel Philharmonic, et notre premier concert, en juillet 1994, avec Zubin Mehta. Il a réussi à convaincre tellement d'artistes de sa "famille" de venir la première année… Ce n'était pas si évident que cela. Il faut rappeler qu'il n'y avait alors aucune notoriété de Verbier en dehors du ski, des cachets moindres, et même pas de salle de concert… En gros, la liste des artistes, au départ, est venue de mon carnet d'adresses et de celui d'Avi.

Quand l'avez-vous connu ?
Il a joué un rôle important dans ma vie depuis 1978, le jour où il m'a appelé pour engager Barbara Hendricks avec l'Orchestre philharmonique d'Israël (IPO) en mars 1979. À l'époque la carrière de Barbara décollait, mais Avi ne proposait quasiment pas de cachet, juste une chambre d'hôtel et la possibilité d'un enregistrement avec Zubin Mehta et Decca. Barbara y est allée, et tout s'est bien passé. Je ne pouvais pas être présent à Tel Aviv, mais Avi s'est vraiment bien occupé de Barbara. L'année suivante j'ai pu rencontrer Avi lors d'une visite de l'IPO à Paris. Nous sommes immédiatement devenus amis et cette amitié est restée jusqu'à aujourd'hui. Avi est un vrai *Mensch*, avec un

cœur gros comme ça, quelqu'un qui répond toujours présent lorsque l'on a besoin de lui. Grâce à Avi, je possède une connexion très directe à Israël, et, ma famille et moi, nous aimons ce pays avec ses bonnes facettes et les autres plus troubles. En tant que secrétaire général de l'IPO, et pendant les cinquante ans durant lesquels il a travaillé pour cette phalange, il a réussi à lui donner une bonne place sur la carte internationale. Politiquement, il était – et reste – le véritable ambassadeur culturel de l'État d'Israël, accompagnant souvent les visites d'État ou lorsque par exemple une nouvelle ambassade est inaugurée ici ou là. Artistiquement, lui et Zubin ont monté un des meilleurs orchestres symphoniques du monde. Avi a réussi à attirer les plus grands chefs du monde en Israël. Avec forcément des hauts et des bas, notre amitié a été éprouvée au fil du temps, mais a tenu. Elle s'est même approfondie. Pendant le Verbier Festival 2018, Avi et moi avons été approchés par le businessman géorgien George Ramishvili afin de créer un festival de musique dans sa belle région de Kakheti. Il avait obtenu en leasing l'extraordinaire domaine d'Alexandre Tchavtchavadze[1] à Tsinandali et avait lancé un grand programme de rénovations, un bâtiment après l'autre, ayant en tête d'y mener des activités culturelles un jour. Avi et moi sommes allés voir tout cela en septembre 2018 et avons été sidérés par la beauté de cette région. George avait déjà lancé la construction d'un hôtel cinq étoiles, et celle d'une salle de concert couverte de plein air. Nous avons accepté de travailler avec lui, mais aussi demandé un autre hôtel pour les musiciens d'orchestre, ainsi qu'une plus petite scène pour la musique de chambre. George et son ami David Sakvarelidze suivaient notre projet et rien n'a semblé les stopper. En septembre 2019, notre nouveau festival a été inauguré avec notre orchestre, le Pan-Causasian Youth Orchestra (avec des jeunes musiciens de seize à vingt-six ans venus de Géorgie, Arménie, Azerbaïdjan, Turquie, Russie, Ukraine et Kazakhstan), avec Gianandrea Noseda comme directeur musical. Nous avons débuté avec la massive *Symphonie n° 2* de Mahler, un magnifique succès. Le Festival de Tsinandali était né et se maintient bien en vie, malgré le Covid (qui a quasiment tué le festival en 2020) et l'invasion de l'Ukraine par la Russie (qui l'a quasiment tué à nouveau en 2022).

1. Grand poète et militaire géorgien (1786-1846).

Aux côtés d'Avi Shoshani, quel autre ami ou partenaire a autant compté pour vous ?
Miguel Esteban. Nous avons travaillé ensemble sur tant de projets – la création du Verbier Festival, en premier lieu, celle de l'UBS Verbier Orchestra, le Riga Jurmala Music Festival et de bien d'autres projets à venir, sans aucun doute. Je l'ai rencontré lorsqu'il est venu passer un entretien afin d'assister ma femme Barbara Hendricks dans des travaux de secrétariat. À dire vrai, je l'ai d'abord trouvé assez odieux et bruyant. J'ai décidé de ne pas faire attention à lui, mais Barbara était très positive concernant son travail. Nous avons commencé à nous parler et je me suis petit à petit fait à sa personnalité. Il était né à Los Angeles de parents cubains, et était venu à Genève étudier le chant et travailler sa voix. Il était talentueux, mais pas assez pour faire carrière. J'ai découvert que c'était quelqu'un de doué pour plein de choses, d'efficace et d'utile, avec toujours une bonne attitude. Dès lors, quand l'idée du festival a pris forme, je lui en ai parlé et lui ai proposé de me rejoindre. Quand on lance un projet comme celui-là, il faut être bon dans plein de domaines (finances, administration, organisation, langues, connaissance du répertoire, personnalité, capacité à convaincre…), sans que l'un de ces domaines soit plus important qu'un autre. Le principal est finalement la confiance, qui vient de la conviction d'être sur la bonne voie.

Combien de temps a-t-il travaillé à Verbier ?
Dix ans, avant qu'il ne prenne conscience d'un besoin d'évolution. USB venait de créer une division pour les artistes et les sportifs et a proposé de le former. Miguel est devenu un très bon banquier, travaillant avec de grands artistes de par le monde, avant de s'établir à Londres, où il a commencé à produire des spectacles avec notre amie commune Ingrid Sutej. En 2018, nous avons Miguel et moi été approchés par un groupe de businessmen russes ayant des intérêts en Lettonie. L'idée était de lancer un festival à Riga et à Jurmala, un village de bord de mer au fond du golfe de Riga. J'ai rencontré à plusieurs reprises le président du festival (le Riga Jurmala Music Festival), Petr Aven, et j'ai été convaincu par ses arguments et les moyens qu'il mettait pour le créer. Miguel et moi avons décidé de nous lancer dans cette nouvelle aventure. L'idée était d'inviter de grands orchestres. Nous avions quatre ou cinq semaines possibles en juillet et en août. Les orchestres

de passage devaient jouer deux fois, présenter une star et un jeune talent. Un concept qui marchait. Nous avions une équipe de choc sur place, dirigée par la charismatique et efficace Zane Culkstena. Malheureusement, à nouveau, le Covid et l'agression russe en Ukraine ont empêché nos éditions de 2020 et 2022, ce qui est vraiment dommage. Nous poursuivrons si la situation politique le permet…

Vous semblez avoir, grâce à la musique, des amis dans le monde entier…
Ce n'est pas faux. Laissez-moi vous raconter une nouvelle anecdote. En 2008, j'ai été invité à participer à une conférence à Almaty, au Kazakhstan. Le thème portait sur l'importance de l'éducation par la musique. C'était une conférence de trois jours avec de nombreux participants. Le dernier soir, j'ai dit à l'organisateur que je n'avais pratiquement vu que l'hôtel et le lieu de la conférence pendant mon séjour et que je voulais vraiment voir autre chose de la région. Le lendemain, mon vol retour partant en fin de soirée, j'ai eu une journée entière de libre. J'ai dit à l'organisateur que j'aimerais qu'un hélicoptère m'emmène hors de la ville jusqu'au parc national d'Altyn-Emel. Après une courte conversation, il est parvenu à trouver un hélicoptère militaire d'un certain âge et a confirmé l'heure de décollage le lendemain matin. J'ai demandé à l'un de mes collègues à la conférence, Jiatong Wu, s'il voulait se joindre à moi, ce qu'il a fait avec plaisir. Le temps était magnifique et la balade incroyable. Après environ une heure, l'hélicoptère a atterri sur le terrain d'une datcha, dans une région montagneuse magnifique, accidentée et absolument déserte. Nous avons déjeuné avec des militaires qui nous avaient accompagnés. Le reste du temps, je l'ai passé avec Jiatong – ce fut le début d'une longue amitié.

Le père de Jiatong a créé la toute première agence de concerts privée en Chine en 1991 et Jiatong l'a ensuite reprise. Il est maintenant le principal organisateur de concerts de musique classique dans la région de la "Grande Chine". Nous avons commencé à développer de nombreux projets ensemble et notre amitié est très créative.

Revenons à Verbier. D'où vous est venue l'idée de créer un festival ?
De loin ! Comme je l'ai déjà un peu expliqué, j'avais cette idée en tête depuis un bon moment. J'étais certes heureux d'être agent. C'est un métier

intéressant et parfois amusant. Surtout quand on arrive à travailler avec des artistes d'une certaine réputation. Cependant, sur le long terme, il est évident que l'esprit créatif ne peut pas se développer au sein de ce métier. C'est ainsi qu'étant agent, je rêvais d'un nouveau projet où les idées artistiques pourraient s'épanouir. Un projet où je n'aurais pas à me battre pour convaincre des organisateurs et des musiciens de travailler ensemble, et, plus encore, où le cachet ne serait pas plus important que les valeurs artistiques.

D'accord, mais pourquoi Verbier ?
Lorsque Barbara et moi sommes arrivés en Suisse en 1986, nous avons vite été entraînés par des amis pour aller skier à Verbier. Cette station n'était qu'à une heure de là où nous habitions, à Montreux. Comme je l'ai raconté plus haut, nous y retrouvions des familles suédoises – Jan et Anna Hellman, Mikael et Malou Ameln –, avec lesquelles nous passions beaucoup de temps pendant les mois d'hiver. Nos enfants avaient le même âge, nous nous entendions très bien. Nous avons fini par louer un chalet à l'année à Verbier, qui est devenu notre résidence secondaire et où, à chaque visite, nous nous faisions de nouveaux amis. Pendant l'été 1991, Barbara avait une série de concerts dans le Sud de la France et j'ai décidé de rester à Verbier avec Sebastian et Jennie afin de découvrir les montagnes pendant l'été. Il y avait beaucoup d'activités alors possibles – même du ski d'été –, bien plus qu'en hiver en fait. Mon ami Avi Shoshani s'est spontanément invité à passer une semaine à Verbier en notre compagnie, avec sa femme Suzi et leur fille Noa.

Que s'est-il passé ?
C'est alors que j'ai parlé à Avi de mon idée de créer là un nouveau festival de musique. J'aimais vraiment le fait que Verbier était, d'un point de vue géographique, une impasse. Il y avait donc la possibilité d'établir une véritable communauté autour d'activités musicales. De plus, en été, la station était presque vide, mais les hôtels et les restaurants restaient ouverts. Deux jours avant, j'avais déjà évoqué le sujet avec Patrick Messeiller, le directeur de l'office du tourisme de Verbier. Il avait bien accueilli le projet et m'avait expliqué qu'il y avait là deux défis : le premier était de créer une saison d'été pour la station et le second était d'arriver à changer la perception même de ce qu'était alors Verbier. C'était une des stations de ski les plus bas de gamme

en Europe, remplie de Suédois, d'Anglais, de Néerlandais et de Belges qui venaient avant tout y faire la fête pour pas cher. Les politiques avaient décidé de changer cela et de faire monter en gamme la station. L'idée d'un festival de musique classique s'insérait bien dans cette nouvelle stratégie. D'autant plus qu'ils cherchaient désespérément des touristes l'été.

Comment le festival a-t-il débuté ?
Avi est resté une semaine en famille et lorsqu'il est reparti nous avions décidé de monter ensemble le Verbier Festival. Patrick m'a aidé à produire une brochure qui présentait le projet. J'ai demandé à quatre femmes ayant des connexions à Verbier de devenir les marraines du futur événement. En plus de Barbara, il y avait Marthe Keller[1], Isabelle Huppert et Diana Ross. Elles figuraient toutes dans la brochure. À la fin de novembre 1991, j'ai envoyé la brochure à une liste de mécènes potentiels, une cinquantaine de patrons de grandes entreprises et des millionnaires vivant en Suisse. Au bout de trois semaines, j'avais reçu deux réponses. La première venait de DuPont, dont le siège européen était à Genève : "Non, merci." L'autre venait de Nestlé, à travers leur président, Helmut Maucher, qui disait : "Pourquoi ?" Les quarante-huit autres n'avaient simplement pas répondu.

Du coup, qu'avez-vous fait ?
La porte n'étant pas totalement fermée chez Nestlé, j'ai immédiatement appelé l'assistante de M. Maucher. Elle m'a expliqué qu'il était très occupé et m'a fixé un rendez-vous l'année suivante. Le 4 avril 1992 à dix heures,

1. Martin Engstroem précise : "L'actrice suisse Marthe Keller vivait à Verbier bien avant que j'y skie pour la première fois. Nous nous sommes rencontrés par l'intermédiaire de nos amis communs, Isabelle Huppert et son mari Ronnie Chammah, en 1980. Lorsque dix ans plus tard j'ai commencé à penser au festival, j'ai noté sa grande connaissance de la musique classique. J'ai commencé à lui parler de mes projets, et du répertoire. Elle est devenue une sorte de guide, aidant notamment à toute la programmation dès que le rapport entre un texte et la musique était en jeu. En plus de jouer dans plusieurs films par an, elle se produisait avec les plus grands chefs d'orchestre. Elle m'a beaucoup aidé à trouver des idées pour inclure les acteurs dans notre programmation, aussi bien avec un orchestre qu'un piano ou d'autres acteurs. Sa curiosité est insatiable et elle me donne toujours de nouvelles idées."

je me suis rendu à Vevey au siège de l'entreprise. Je l'ai rencontré devant la porte de son bureau et, tout de go, il m'a dit que sa division sponsors lui avait recommandé de ne pas donner suite. Je lui ai demandé s'il avait lu lui-même la présentation. Il a alors regardé sa montre et m'a dit : "Asseyez-vous s'il vous plaît, vous avez vingt minutes pour me vendre votre projet." Comme je savais ce que je voulais, je me suis concentré sur la présentation du festival et après vingt minutes M. Maucher a lancé : "Bravo, je vous soutiendrais." J'ai demandé 250 000 francs suisses par an – c'était l'argent dont j'avais besoin pour les deux premières années durant lesquelles j'allais monter le projet.

Un bon début…

Oui. Avoir Nestlé avec nous a rendu les autres contacts plus aisés, même avec les entreprises qui ne nous avaient pas répondu dans un premier temps. Ainsi Reuters a suivi, pour un montant certes inférieur. Par l'intermédiaire d'un ami commun à Barbara et à moi, Bernard Kouchner[1], j'ai pu contacter le directeur du marketing de la BNP à Paris. À ma grande surprise – car Verbier est en Suisse ! – j'ai obtenu une somme très généreuse. Il y eu aussi la SBS, l'Union des banques suisses[2]. Tout était désormais pour le mieux. Avi et moi avons commencé à contacter des artistes et à monter une équipe. Jean-Pierre Le Pavec, mon ami de Paris, étaient l'un d'eux. Jean-Pierre était le directeur du Festival de Saint-Denis et avait lancé la série "Les Grandes Voix", où il invitait les plus grands chanteurs. Jean-Pierre avait suggéré de prendre Erick Sez comme directeur technique, ce que nous avons fait. Mon ami de Reuters, Patrick Jeanneret, a mis son expertise en matière de droit à notre disposition, et nous a aidés à établir les contrats. Jean-Jacques Indermühle, un ambassadeur suisse que j'avais connu à Londres, nous a aidés avec le protocole. Finalement, à la fin de l'été 1992, Miguel Esteban m'a rejoint et m'a aidé à monter un budget qui était désespérément trop élevé. L'un des problèmes principaux que nous avions à Verbier était l'absence de

1. Médecin et homme politique français né le 1er novembre 1939 à Avignon. Cofondateur de Médecins sans frontières et de Médecins du monde, il a été ministre de différents gouvernements. En 1993, il était ministre de la Santé.
2. Banque qui fusionnera avec l'Union des banques suisses en 1998 pour devenir UBS.

véritable salle de concert. En fait, il était très difficile de justifier l'existence d'un festival de musique dans ces conditions… Une grande partie du budget devait être consacrée à la construction d'une structure éphémère, aux chaises, à l'éclairage, à la scène, etc.

Tout cela était un peu désespérant, non ?
Pas vraiment. Nous venions en fait de comprendre qu'il nous fallait plus d'argent. Nous avons alors pensé que l'hiver pourrait être favorable à la prospection et qu'avec une équipe renforcée tout serait possible. Mais cela n'a pas vraiment été le cas ! À part Patrick Messeiller à l'office du tourisme de Verbier, les politiques ne s'intéressaient pas à nous. Pourtant, il existait trois entités au sein de la commune qui disposaient d'un budget pour aider le développement économique de Verbier : la société de développement, dont c'était la raison d'être, Televerbier et aussi la commune de Bagnes, qui était l'une des mieux dotées de Suisse, en raison des revenus importants de son barrage électrique. Lorsque nous avons créé l'entité légale – une association – pour gérer le festival, il y avait Miguel et moi-même, bien sûr. Miguel a constamment été une véritable force motrice. Rien n'était assez compliqué pour lui. Nous formions un bon duo… Il y avait aussi Guy Vaudan, le président de la commune de Bagnes, Patrick Messeiller, Roland Lovey, le président de la société de développement, Louis Moix, le président de Televerbier, et André Devanthery, le comptable de notre association. Chacune de nos réunions était pénible. Aucune initiative ne venait des responsables locaux. M. Vaudan ne regardait jamais personne dans les yeux. M. Lovey ne savait jamais quoi dire. Patrick n'arrêtait pas de parler et tentait de passer des messages au silencieux M. Vaudan. M. Devanthery aidait comme il pouvait et relançait les discussions, qui restaient très superficielles. Sur ce, est arrivé un coup de téléphone inattendu.

Qui était-ce ?
Il s'agissait de Deborah Borda, la présidente de l'Orchestre philharmonique de New York. Elle avait su qu'Avi et moi montions un nouveau festival de musique en Suisse. Elle m'expliqua que son orchestre était le seul des grands américains à ne pas avoir de résidence d'été. Elle voulait donc savoir si l'Orchestre philharmonique de New York pouvait devenir l'orchestre en

résidence de Verbier. Je n'avais engagé aucune discussion à ce sujet, je lui ai donc répondu que la question était ouverte. En novembre 1992, Deborah, Kurt Masur et plusieurs membres du *board* de l'orchestre sont venus à Verbier afin de voir si l'endroit leur convenait. C'était une belle journée d'automne et nous avons fait le tour du village afin de voir les appartements, les restaurants, les lieux de répétition et de concert, etc. Miguel et Jean-Pierre Le Pavec étaient avec moi. Je me souviens de la visite d'un appartement, lieu de résidence possible pour des membres de l'orchestre. Quelqu'un du conseil demanda alors : "Où est l'air conditionné ?" Et là, j'entends encore la voix de Jean-Pierre, venant du fond de la pièce : "Si vous avez besoin, vous ouvrez la fenêtre !" L'anecdote illustre les différences qui existaient entre nous. Masur et Borda voulaient avancer dans nos discussions, mais nous étions trop éloignés sur de nombreux sujets. J'avais demandé à Deborah de mettre de côté les règles syndicales de l'orchestre lors de son séjour à Verbier. Nous avions besoin de flexibilité. Le contrat à New York spécifiait que l'orchestre avait huit séances par semaine, de deux heures trente. Chaque heure de répétition était assortie de vingt minutes de pause. Dès lors, j'ai spécifié que c'était impossible à Verbier dans la mesure où nous n'y répéterions jamais deux fois le même concert. Un festival, par définition, ne devait proposer que des moments uniques. Je sentais bien que cela n'allait pas le faire… À son retour à New York, Borda m'a appelé pour me dire qu'elle avait adoré son séjour, qu'elle avait parlé à son *board*, qui avait suggéré qu'elle envoie une proposition de contrat. Ce qu'elle fit. Mais alors que mon niveau d'anglais n'est vraiment pas mauvais, je ne pouvais absolument pas comprendre le charabia juridique du contrat en question. Pour ce faire, il aurait fallu que j'engage un avocat suisse spécialisé, mais nous n'en avions pas les moyens. J'ai montré cela à Avi et nous avons décidé de stopper les négociations. Ce n'était pas pour nous.

Que s'est-il passé ensuite ?
L'année 1993 passait et la date fatidique fixée pour la première édition du festival, l'été 1994, approchait. Le 23 septembre, nous avons organisé une grande réunion avec toutes les parties en présence. Patrick nous annonça que l'aide des différentes instances de Verbier serait finalement de 100 000 francs suisses (soit 33 000 francs chacun). En comparaison,

l'estimation budgétaire pour la première année était de 1,8 million. Le chiffre de Patrick ne reflétait en rien l'ambition de nos premières discussions, nourries par l'idée de créer une saison d'été à Verbier. Il n'y avait rien à faire. Nous n'avions même pas de quoi, à la fin, couvrir la moitié du budget. Lors de la réunion, nous avons donc convenu de tout arrêter. Juste avant de partir, j'ai demandé aux représentants des autorités locales de me donner cinq jours pour régler le problème. Je ne pouvais pas supporter l'idée que tout cela avait été lancé pour rien.

Vraiment ?

Oui. C'était triste, car je savais que nous avions un bon projet et que nous n'étions pas loin de le faire aboutir. Il manquait juste de l'argent. Pendant le trajet de retour en voiture à Montreux, j'ai demandé à Avi de ne pas encore annuler l'engagement prévu de Zubin Mehta, de ne pas l'informer de cette décision d'abandon du projet. On ne savait jamais ; on devait encore tenter une dernière chance. Avi était d'accord. Il est reparti pour Tel Aviv. Miguel et moi avons réfléchi à d'autres sources de financement. Le lundi suivant, nous étions en voiture en direction de Verbier. Je faisais part à Miguel de ma déception que Patrick n'ait pas réussi à tirer plus de fonds du canton… J'ai décidé de les appeler tous moi-même. De la voiture – à l'époque une grosse machine avec une antenne extérieure. J'appelle les renseignements, le 1811, et je suis guidé jusqu'à un certain Serge Sierro, conseiller d'État et responsable de l'instruction publique et des affaires sociales (cela incluait la culture) du canton du Valais. Je tombe sur sa secrétaire et lui explique que je souhaite lui parler. Elle me dit que M. Sierro est très occupé et indisponible. Je lui réponds alors que je viens à son bureau et que je serai là dans vingt minutes. Elle est visiblement horrifiée et m'explique qu'en Valais on ne se comporte pas comme cela. Je lui dis que c'est très urgent et que je n'ai donc pas le temps de prendre un rendez-vous en bonne et due forme. Elle me répond alors : "Attendez un instant." Elle revient et me dit que M. Sierro a pu aménager son emploi du temps et va me recevoir. Miguel et moi avons donc pu le voir et avons commencé par le remercier pour sa flexibilité. Je lui ai expliqué sans délai ce qui se passait. Il écouta attentivement et me dit : "Je peux vous donner 60 000 francs du canton, divisés en 30 000 du secteur économique et 30 000 du tourisme." J'étais surpris. Non pas par le montant, mais par le fait que le canton avait décidé de nous aider. Officiellement, M. Sierro demanda ensuite si nous étions en contact avec Raymond Deferr de la Loterie romande. Je ne savais pas qu'elle pouvait aider la culture. M. Sierro prit son téléphone devant nous et appela le président de la Loterie en Valais. Après quelques minutes, nous avions obtenu 100 000 francs de plus. En sortant du bureau, nous étions soulagés. Les 160 000 francs ne changeaient pas vraiment notre financement, mais à ce moment précis cela faisait une grande différence. Nous étions relancés. J'ai donc appelé Avi et lui ai demandé de confirmer Zubin et le Young Israel Philharmonic. Je lui ai dit que nous avions désormais assez d'argent.

Mais ce n'était pas vrai... Il en manquait encore beaucoup !
Oui, j'en avais bien conscience. C'était un jeu de poker. Nous devions absolument lancer la machine. Il ne s'agissait pas seulement de programmer les différents artistes. Nous avions également une académie de musique, théâtre et danse, un orchestre de jeunes en résidence, nous devions construire une salle de concert, avions à créer une identité visuelle pour le festival. C'est alors qu'un autre coup de fil inattendu m'a conforté dans ma démarche.

De qui s'agissait-il cette fois ?
De Klaus Schwab, le fondateur et président du Forum économique mondial, qui venait également de fonder le Forum mondial pour les arts et qui avait décidé de nous donner une contribution de 50 000 francs. Au sein de cette fondation se trouvaient des amis de Verbier comme Yves Paternot, Elka Gouzer et George Müller. Nous avons fini par recruter les collaborateurs dont nous avions besoin pour la suite.

Comment aviez-vous rencontré Yves Paternot, le futur président des Amis de Verbier ?
En décembre 1993, Barbara, ma mère, Jennie et Sebastian préparaient Noël à Verbier. En fin d'après-midi, Barbara m'a demandé d'aller chercher Jennie qui jouait avec sa nouvelle amie Sophie, la fille de Monica et d'Yves Paternot, non loin de notre chalet. J'ai trouvé l'adresse en question et j'ai frappé à la porte. M. Paternot m'a ouvert et je lui ai dit que je venais chercher ma

fille. Il m'a proposé de prendre un verre et j'ai gentiment refusé en expliquant que ma femme voulait que je revienne avec Jennie pour le dîner. Il a demandé à nouveau en disant que ce serait bien de rencontrer le père de Jennie. Yves aimait situer les gens et me posait beaucoup de questions sur moi. Je lui ai parlé du projet de lancer un festival de musique à Verbier cet été-là. Il était pour le moins enthousiaste. Après vingt minutes, j'ai senti que je devais partir avec Jennie et je le lui ai dit. Le lendemain, Barbara m'a redemandé d'aller chercher Jennie au chalet des Paternot. J'ai refait le même parcours et j'ai à nouveau frappé à la porte. Encore une fois, Yves a répondu et m'a demandé d'entrer. J'ai encore essayé de protester, mais en vain. En entrant dans son salon, j'ai rencontré un tas de gens qui prenaient un verre avant le dîner. Yves a alors pris la parole et dit qu'il voulait présenter quelqu'un qui avait de très bonnes nouvelles à annoncer. Je me suis présenté et j'ai expliqué ce à quoi, je crois, Yves faisait référence. Après l'exposition des grandes lignes du nouveau Verbier Festival & Academy, Yves a déclaré que le projet était fantastique et que nous tous qui vivions à Verbier devions soutenir l'initiative.

Il a suggéré de lancer "The Friends of the VFA", a offert 5 000 francs suisses de son propre argent et a demandé à chacun de ses invités de faire de même. Avant que je ne parte avec Jennie quelques minutes plus tard, Yves avait levé 60 000 francs ! Au moment de l'ouverture du Verbier Festival en juillet 1994, l'association des Amis du Verbier Festival Academy avait levé plus de 325 000 francs et les Amis sont devenus le mécène numéro un du nouveau festival. Yves est devenu l'un de mes plus proches amis et supporters, ne doutant jamais de la validité du festival et ne voyant jamais mes problèmes comme de "vrais" problèmes. Il n'y avait que des solutions. J'ai perdu mon ami d'un cancer le 12 février 2016.

Lors de ces prémices du festival, vous dites avoir eu de la chance. Pourquoi ?
Parce que des personnalités extraordinaires nous ont rejoints. Nous avions déjà ce directeur technique hors du commun, Erick Sez. Il était – et il est toujours ! – notre pilier pour tout ce qui concerne la construction des salles de concert et les questions de sécurité. Il peut transformer une tente en auditorium, conduire les discussions techniques et légales, s'assurer de la sécurité, des bonnes relations avec la police locale et de bien d'autres choses.

Il est atypique dans le sens où il est également un grand mélomane et un grand lecteur. Il est au fil du temps devenu un ami proche, ainsi que sa femme Michèle. Tous les artistes qui sont venus jouer à Verbier connaissent et aiment Erick. Le moins que l'on puisse dire est qu'il est depuis l'origine un facteur de stabilité du festival.

Qui d'autre ?
Helene Read. Barbara et moi l'avions rencontrée totalement par hasard, en avril 1992, avec les enfants, à l'ouverture de… Disneyland Paris ! Nous y étions avec nos amis Isabelle et Ronnie Huppert-Chammah et leur famille. Helene avait été notre hôtesse à cette occasion et elle avait été merveilleusement accueillante et sympathique. Parfaitement bilingue français-anglais. Nous avions tellement apprécié sa compagnie qu'à la fin de la visite du parc, je lui avais parlé de Verbier et de mes plans là-bas. Elle avait montré un véritable enthousiasme. Si bien que je l'ai appelée en 1994 et qu'elle a travaillé dix ans de suite au festival. Elle était responsable de ce que l'on appelle en français "l'accueil". Le bien-être des artistes… Grâce à elle, une belle tradition s'est installée à Verbier dans ce domaine.

Anne Bieler figure également parmi ces rares personnes de grande confiance. Dès 1994, elle a été responsable des médias et de plein d'autres choses qui ne figuraient pas dans son titre officiel. Elle travaille toujours avec moi comme responsable du protocole, accueillant les politiciens, ambassadeurs et autres VIP. Elle possède cette patience et cette grâce indispensables pour vivre au mieux ce métier si stressant. Marina Gross était également avec nous au début, et elle est à nouveau dans l'équipe aujourd'hui. Elle s'occupe des donateurs. J'imagine que c'est bon signe de garder ainsi des collaborations de long terme. Je pense également à mon premier assistant pendant deux ans, Bernard Richter, qui est désormais un ténor bien connu, chantant dans le monde entier.

Pourquoi inviter un orchestre de jeunes dès le début du Verbier Festival ? Pourquoi pas tout simplement héberger l'Orchestre de chambre de Lausanne ou l'Orchestre de la Suisse romande, qui étaient vos voisins ?
Oui, cela aurait été évident de procéder ainsi. Mais je voulais attirer les grands chefs, et j'avais constaté qu'à partir d'un certain moment, ils se tournaient

tous vers la transmission ; après un certain âge, ou un certain niveau de carrière, ils souhaitaient rendre ce que la vie leur avait donné et ils s'intéressaient à la nouvelle génération. D'où l'idée d'avoir un orchestre de jeunes et une académie, dès le départ. Ainsi les deux premières années, nous avons eu le Young Israel Philharmonic, puis l'Orchestre mondial des jeunesses musicales, avec des musiciens du monde entier, en 1996 et 1997. Ensuite, cela a été le Curtis Institute Orchestra de Philadelphie, pour deux ans.

Comment s'est finalement déroulé le premier concert du festival ?
L'ouverture était prévue le 12 juillet 1994. Une semaine avant, nous n'avions vendu que trois cent cinquante tickets sur mille sept cents places disponibles… Une catastrophe. Mais finalement un petit miracle s'est produit et nous sommes arrivés à plus de mille, ce qui était satisfaisant et plutôt prometteur. L'événement est devenu festif. Mais je me souviens également de l'après-midi avant le concert d'ouverture. J'ai vu des chiens renifler autour de la tente, accompagnés de personnel de sécurité. Ils avaient été appelés là par l'ambassade d'Israël, sans que nous soyons prévenus. Après tout, nous avions presque une centaine de jeunes Israéliens qui jouaient au festival. J'avais reçu des lettres expliquant qu'il y avait trop de Juifs à Verbier. Très déplaisant, mais j'avais décidé de ne pas trop en parler.

Je ne sais pas pourquoi, Zubin avait choisi de débuter son programme avec les *Six pièces* op. 6 de Webern. Chacune dure à peine une minute. Après la première, le public s'est mis à applaudir. Après la deuxième, même chose. Après la troisième, les gens ont commencé à applaudir et Zubin s'est tourné vers eux, expliquant qu'il allait y avoir encore trois pièces et qu'ils pouvaient applaudir à la fin s'ils voulaient. Cela a plu à l'auditoire et l'atmosphère s'est détendue. Ensuite, David Garrett, un jeune violoniste allemand alors âgé de treize ans, était le soliste du *Concerto n° 3* de Mozart. Enfin, il y avait la *Symphonie n° 2* de Brahms. Nous étions tous très heureux d'avoir pu mener à bien ce premier concert. Il y en a eu trente et un de plus pendant l'été 1994, mais ce soir-là était le premier. Le Verbier Festival était né. Zubin, lui, avait dû rentrer à Los Angeles au plus vite. Il avait une répétition avec les Trois Ténors l'après-midi. Il est parti en hélicoptère de Verbier à Genève. Puis un vol vers Paris. Là, un changement rapide vers un Concorde qui l'a conduit rapidement à New York et encore un changement pour Los Angeles… Il est arrivé à six heures du soir, le jour même où il avait quitté Verbier.

À part Mehta, quels étaient les artistes présents lors de cette première édition ?
Une incroyable liste : Yuri Temirkanov, Kent Nagano, Evgeny Kissin, Maxim Vengerov, Gil Shaham, Mischa Maisky, Yefim Bronfman, Michel Béroff, Ute Lemper, Barbara Hendricks. Plus nous avancions et plus nous vendions de tickets. Un bon signe. Et, à la fin, ce fut un grand succès artistique. Cependant, nous avions un déficit budgétaire de 400 000 francs suisses. Je devais donc trouver des ressources supplémentaires avant de pouvoir envisager de continuer. J'ai appelé M. Maucher, le président de Nestlé, en lui détaillant la situation et en lui demandant s'il pouvait aider à couvrir une partie du déficit – ce qu'il a fait. Il nous a permis d'envisager la suite. Nestlé a été notre mécène principal, et Georges Gagnebin, directeur de la banque privée à la Société de banque suisse (SBS) a décidé de pousser la contribution de SBS. Reuters était toujours là, et les Amis du Festival sont devenus le premier contributeur, de loin. La ville n'a pas souhaité nous donner plus que ce qu'elle avait proposé la première année.

Qui y avait-il de spécial lors de la deuxième édition, en 1995 ?
D'abord, je dois donner, une nouvelle fois, la liste des artistes présents : Pinchas Zukerman, Maxim Vengerov, Yuri Temirkanov, Kurt Sanderling, Bella Davidovitch, Giuseppe Sinopoli, Jacques Loussier, Monty Alexander, Nicolai Gedda, Barbara Hendricks, Isaac Stern, Evgeny Kissin, Natalia Gutman. Nous avons également eu des représentations théâtrales et des œuvres musicales avec des textes lus par des acteurs tels que Ben Kingsley, Marthe Keller, Isabelle Huppert, Anouk Aimée, Sami Frey, Christa Wolf. C'était un encore plus grand succès que la première édition, avec plus de tickets vendus et plus de journalistes présents. À l'académie, nous avions des cours de Renata Scotto, Nicolai Gedda, Isaac Stern, Ralph Kirshbaum, Mischa Maisky, Peter Frankl. Elle s'appelait "Verbier Festival Academy" alors, et elle était déjà centrale. Autour de l'administratrice Minh-Tam Tran, nous avons réuni un groupe de collaborateurs qui dirigeaient les différentes masterclass : Caroline Haffner était responsable des pianistes, HunJu Sohnn des altos, Catherine Edwards des violoncelles, Andrew Ball et plus tard Tobias

Koch des violons, Sergio de los Cobos de la musique de chambre, Susan Manoff et plus tard Xavier Parès de la voix. Noémi Lapzeson a mis en place l'académie de danse et Michelle Kokosowski un programme de théâtre.

Comment cela se passait-il ?
Généralement très bien. En 1994, j'avais invité Barbara à donner une masterclass, mais cela ne s'est pas très bien passé. Une heure après le début, j'ai reçu un appel de Susan Manoff me demandant de venir immédiatement. Barbara, qui n'avait jamais donné de masterclass de sa vie, et qui ne souhaitait pas le faire, était énervée. Elle estimait qu'avoir ainsi à expliquer ce qui se passe dans la gorge l'obligeait à se focaliser sur ses propres cordes vocales, ce qui la perturbait. De manière plus positive, en 1995, le violoniste français Renaud Capuçon est venu rejoindre la masterclass d'Isaac Stern. Il avait dix-neuf ans, et il s'est retrouvé au bon endroit au bon moment, selon l'expression consacrée. Il a rencontré Jacques Thelen, qui venait de Paris et qui allait devenir son agent. Également Pascal Nicod, le cardiologue suisse collectionneur d'instruments à cordes, et violoniste amateur passionné, qui lui prêta un Stradivarius. Et finalement Isaac Stern lui-même, bien sûr, qui devint pour Renaud un modèle, une figure importante. Désormais, il joue d'ailleurs sur son ancien violon[1].

Bref, pour le Verbier Festival, tout allait pour le mieux !
C'est vite dit… Deux semaines avant le début de l'édition 1995 du festival, Barbara m'a annoncé qu'elle souhaitait divorcer. Elle avait rencontré quelqu'un d'autre. Je ne m'y attendais pas et ce fut un grand choc. J'ai pensé que je m'en tirerais, mais les enfants ? Ils ne nous avaient jamais vus nous disputer à la maison. Sebastian n'a pas trop mal pris la nouvelle, mais Jennie était dévastée. Comme je ne pouvais pas vraiment m'occuper d'eux pendant le festival, j'ai décidé de faire un voyage avec Jennie immédiatement après la fin des concerts. J'avais toujours rêvé d'aller aux Spitzberg, dans le Grand Nord, pour marcher et parler. Jennie avait onze ans et était très introvertie. Il était difficile d'échanger avec elle, mais passer une semaine ensemble a été important pour chacun de nous. Les Spitzberg sont

1. Le Guarneri del Gesù "Panette" de 1737.

un groupe d'îles perdues au milieu de l'océan Arctique, la moitié appartenant à la Norvège, l'autre moitié à la Russie. À l'époque, il n'existait pas vraiment d'hôtel sur place, juste des chambres d'hôte. Il y avait une petite note déposée sur les oreillers : si vous quittiez le village, il était indispensable de passer à l'office du tourisme afin de prendre... un fusil. Un fusil ! Je ne savais pas m'en servir et j'ai donc engagé un guide pour nous protéger des ours. À cette occasion, j'ai appris la différence de comportement entre les ours bruns, tels que l'on pouvait en rencontrer dans les forêts de Suède, et les ours polaires : les ours polaires attaquent immédiatement, sans se poser de question. La nature là-bas était incroyable, sauvage, sans arbres. Les Spitzberg étaient quasiment inhabitées. Nous avons également loué un bateau, et appris à nous faufiler entre les icebergs. C'était un voyage très important, pour plein de raisons. Après les Spitzberg, nous sommes allés à Schloss Elmau afin de retrouver Sebastian. Cependant, deux jours seulement après notre arrivée, j'ai reçu un appel de Miguel. Il demandait que je retourne le plus vite possible à Vevey. Nous avions un très gros déficit... J'ai donc trouvé un arrangement pour les enfants et j'ai dû retourner à Verbier de manière précipitée.

Quel était le problème ?
Nous avions terminé l'édition 1995 avec un déficit de 800 000 francs suisses et avions accumulé un déficit de plus d'un million que nous ne pouvions plus gérer nous-même. Nous avons passé au peigne fin les différentes dépenses ; nous avions mal calculé le budget, c'était indéniable. Nous avions besoin d'aide. Et vite.

Qu'avez-vous fait ?
Les autorités locales nous aidaient, mais peu. Si nous voulions continuer et construire quelque chose de solide après le succès artistique de nos deux premières éditions, il fallait qu'ils deviennent de véritables partenaires. Nous avons eu de nouvelles réunions avec les locaux ; Georges Gagnebin de SBS et Yves Paternot, le président des Amis, étaient omniprésents. Nous avions une date limite : le 21 décembre 1995. Si nous n'avions pas de solution viable à ce moment-là, nous devions nous déclarer en faillite. J'ai donc pensé que je devais une nouvelle fois appeler M. Maucher. Bien

qu'il n'ait pas été des nôtres lors des deux premières éditions du festival, je savais qu'il croyait en moi et qu'il me faisait confiance. J'ai appelé son assistante le 20 décembre en demandant à lui parler rapidement. Elle m'a alors expliqué qu'il était en Afrique et qu'il rentrait le lendemain, puis partait directement en vacances de Noël. Elle pouvait lui laisser un message, sans être sûre qu'il puisse m'appeler. Il m'a joint de l'aéroport, me demandant ce que je voulais. J'ai tenté de lui résumer la situation en vingt secondes. Il m'a alors promis une nouvelle contribution, avant la fin de l'année. Une fois de plus, il m'avait sauvé. Après cela, le groupe qui travaillait à trouver une solution me demanda de rassembler toutes mes économies et de les bloquer sur un compte pendant sept ans. C'était la condition posée par la commune pour continuer à aider le festival. Comme cela, ils étaient assurés que je ne pourrais pas fuir les responsabilités. Charmant. Enfin, nous avions une solution et j'ai pu annoncer le programme de 1996.

Quelles conclusions avez-vous tirées de cette crise ?
Il est devenu clair que les personnes sur lesquelles je pouvais compter n'étaient pas les mêmes que celles qui profitaient économiquement du festival. En septembre 1995, j'avais eu un rendez-vous avec Guy Vaudan, le président de la commune de Bagnes et lui ai demandé : "Guy, j'ai produit deux festivals assez incroyables artistiquement avec certains des plus grands artistes de notre temps. J'ai pu lever un million et demi de francs en dehors de la commune. Nous avons eu des journalistes du monde entier. Nous avons créé une véritable saison d'été. Pourquoi ne nous aidez-vous pas plus ? Après tout, cela s'appelle bien le Verbier Festival, pas le Festival d'Engstroem, non ?" Sa réponse a été la suivante : "Martin, j'ai vu tellement d'étrangers venir à Verbier pour y monter toutes sortes de projets. Ils veulent tous de l'argent de la commune. Je me dis toujours d'attendre deux ans pour voir comment tournent ces projets. La plupart disparaissent et alors je pense : « Bien, nous avons encore économisé de l'argent. »" Charmant, là encore… Nos partisans étaient des Suisses et des étrangers qui possédaient un chalet à Verbier et qui avaient compris l'énorme plus-value que le festival apportait à leur communauté. Jusqu'alors, peu d'entre eux passaient l'été à Verbier. Ils n'y venaient qu'en hiver et au printemps. Petit à petit, ils y ont passé plus de temps en été. Il m'est apparu assez clairement

que l'aspect social était un facteur clé dans le succès du festival. Dans le groupe des Amis autour d'Yves Paternot, il y avait Lila Palffy. Elle souhaitait être active et je lui ai demandé d'organiser des dîners d'après-concert. Tant d'artistes étaient présents en même temps au festival qu'il était bon qu'ils se retrouvent chaque soir, afin de couronner la journée. Lila a donc commencé à organiser ces dîners. Chaque été il y aurait donc dix-sept dîners, généralement dans le chalet d'un "Ami du Festival". Un grand buffet pour soixante à cent vingt personnes, suivant le soir et la taille du chalet. Il n'existe pas tant d'endroits dans le monde où les artistes peuvent ainsi passer une soirée agréable entre eux, sans la pression des hôtes ou des organisateurs. Mettez tout ce monde-là ensemble, et vous verrez qu'il peut se passer plein de choses ; certains ne se connaissent pas et peuvent simplement avoir envie de se revoir et de travailler ensemble…

Après trente ans, Lila est toujours là avec moi. Elle n'organise plus, et reste "simplement" l'une de nos généreuses hôtesses… Comme elle, certains collaborateurs sont restés depuis tout ce temps auprès de moi. Melanie Willmore a remplacé Miguel comme directrice opérationnelle après son départ en 2005. Elle et son mari Nicky Legrand, en charge de la billetterie, étaient passionnés par leur travail, bien que n'ayant aucune expérience préalable en la matière. Emanuela Petracchi, Valérie Tabachnik, Sandra Schmidt et Nathalie Oguey, qui sont restées une quinzaine d'années avec moi, ont toutes été de remarquables collaboratrices qui, grâce à leur enthousiasme et leurs compétences, ont aidé à développer un festival de musique classique dans ses différents aspects. Minh-Tam Tran a pris les rênes de l'académie après le départ de Valérie et a continué jusqu'à l'arrivée de Christian Thompson en 2005.

2005, une année charnière ?

Oui. J'avais connu Christian Thompson alors qu'il travaillait pour l'agence IMG Artists à Londres. Il avait su que je cherchais un directeur administratif, mais s'est finalement retrouvé directeur de l'académie. Il est venu avec sa famille vivre à Vevey, alors qu'aucun d'eux ne parlait français. Christian était aussi passionné que moi pour trouver les meilleurs jeunes artistes – et les bons professeurs pour les accompagner. Nous avons formé une bonne équipe tous les deux, jamais à court d'initiatives et d'idées. Il a ajouté de nouveaux programmes dans notre cursus. Un, notamment, lié à l'autopromotion. Très important de nos jours où, après le conservatoire, il ne s'agit plus pour les jeunes musiciens d'attendre simplement que le téléphone sonne et apporte des engagements : les artistes doivent désormais avoir une démarche proactive. À l'époque, avoir un site internet ne semblait pas si évident qu'aujourd'hui, par exemple. Après onze années très actives à mes côtés, Christian a décidé de bouger, à Lyon, à Stockholm, avant d'aller à Paris. Il a rencontré à Verbier sa femme Isabelle et a fondé une nouvelle famille. Avant de quitter Verbier, il m'a offert un cadeau que je chéris particulièrement : il s'agit d'un cadre contenant trente-six bébés ou jeunes enfants. Tous nés de parents s'étant rencontrés à Verbier. Cela me rend vraiment heureux, car cela montre à quel point le festival a été important dans la vie de toutes ces personnes.

En 2005, une autre personne venant du Canada, Kim Gaynor, a pris la responsabilité de l'administration et a aidé à transformer le festival en ce qu'il est aujourd'hui. À l'époque, nous devions professionnaliser certains aspects. Nous avions depuis peu une fondation, avec son conseil, auquel nous devions rendre compte. Notre président, Georges Gagnebin, demandait un strict contrôle des opérations. Le brillant avocat de Genève, Jean-Charles Roguet, était le vice-président. Les premières années de lune de miel étaient terminées. C'était désormais vraiment sérieux et Kim était la bonne personne pour travailler avec moi. Elle a aussi supervisé, avec mon partenaire technique, Erick Sez, les améliorations d'infrastructure. Cela a abouti en 2010 à une nouvelle salle temporaire, la salle des Combins. Kim est restée douze ans avant de prendre la direction de l'Opéra de Vancouver.

Vous avez évoqué de grands changements au festival et les bébés de Verbier. Vous-même y avez rencontré votre seconde épouse, la violoniste Blythe Teh. Pouvez-vous nous en parler ?

Oui. Blythe est venue pour la première fois à Verbier pendant l'été 2000 lors de la fondation de l'UBS Verbier Festival Orchestra[1]. C'est une Américaine,

1. Blythe est désormais coresponsable de la sélection des cordes du Verbier Festival Orchestra et assiste Gábor Takács-Nagy dans la mise en œuvre des différents projets et tournées de l'orchestre de chambre.

avec un père chinois et une mère d'origine japonaise née à Hawaï. Blythe est un beau mélange de toutes ces cultures fortes. Verbier était sa première visite en Europe et elle avait à cœur de découvrir tout ce que le continent avait à offrir. J'ai été attiré par son humour, son intelligence et sa gentillesse. Du fait de son éducation mormone, elle a des valeurs, et c'est une bonne personne. Elle était également une excellente musicienne, tant au violon qu'à l'alto. Elle était peu motivée pour faire une grande carrière, bien qu'elle eût pu aller très loin. Nous partageons beaucoup de choses et avons une relation pleine d'amour depuis plus de vingt ans. Nous avons deux beaux enfants, des adolescentes du nom d'Hannah Rose et Rania Marion. Une famille très unie, ce qui nous apporte beaucoup de force. En 2007, nous avons perdu notre premier enfant, Esther, qui est née avec un problème cardiaque que la médecine ne pouvait pas résoudre. Grâce à notre proximité, grâce aux incroyables parents de Blythe, Chye et Ruth, nous avons pu surmonter tant bien que mal notre désespoir et trouver un chemin d'avenir.

Évoquons si vous le voulez bien vos enfants. Débutons par le plus âgé, Sebastian.
Mon fils Sebastian est probablement le plus brillant intellectuellement des quatre. Sa passion dans la vie a toujours été le cinéma. Il a réussi à obtenir son master en réalisation et production à la célèbre Peter Stark Academy de Los Angeles et était destiné à une belle carrière dans le cinéma. Mais sa santé n'a jamais été solide et il a finalement dû rentrer en Suisse pour se faire soigner à l'hôpital CHUV de Lausanne. Rester en vie prenait alors la majeure partie de son temps. Après de nombreuses années difficiles, il s'est vu offrir un deuxième rein (le premier rein qu'il s'est fait greffer était de son père) d'un ami parisien, Mathieu Omeyer… Il est maintenant stable, a deux beaux enfants, Marlon et Oscar, et je suis sûr qu'il trouvera bientôt un moyen de développer ses talents uniques.

Parlons maintenant de Jennie.
Oui. Elle était à bien des égards à l'opposé de Sebastian ; timide, calme, aux yeux perçants. Elle a une grande force intérieure qui l'a sauvée à plusieurs reprises. Par sa sensibilité, elle est plus créative artistiquement. Elle a fait ses études à l'université de Richmond à Londres, puis a travaillé trois ans à Channel 13 à New York en produisant des programmes télévisés pour

PBS. De retour chez elle, en Suisse, elle a eu la chance d'obtenir un poste au sein du programme "Mentor et protégé" de Rolex à Genève. Elle travaille toujours chez Rolex, en gravissant les échelons tout en restant dans le domaine culturel. Elle est mariée à Raphaël Nanchen et a un beau petit garçon, Gabriel. S'il y avait un membre de ma famille pour reprendre une partie de mon travail au Verbier Festival après moi, ce pourrait être Jennie. Je ne sais pas si elle aimerait le faire et si le festival pourrait se le permettre, mais ses qualités de leadership et ses aptitudes sociales seraient certainement un plus pour le festival.

Évoquons également un peu les filles que vous avez eues avec Blythe Teh.
Rania et Hannah sont aujourd'hui des adolescentes qui se développent dans l'environnement familial sûr d'une famille aimante vivant à Blonay, en Suisse. Elles n'ont pas connu la stimulation et les difficultés que leurs frère et sœur aînés ont eues en grandissant avec des parents divorcés. Je réfléchis souvent à la manière de protéger mes enfants et en même temps défier ce petit cocon. Le monde n'est plus le même aujourd'hui que lorsque j'ai grandi en faisant de l'auto-stop à travers l'Europe. Mais je suis reconnaissant à Blythe que nous ayons formé cette famille solide qui donnera certainement une base solide aux filles lorsqu'elles quitteront le foyer. Quand elles sont nées, j'ai commencé à écrire une lettre à chacune. Une lettre expliquant ma vision d'elles en grandissant et comment j'observe le développement de leur personnalité. J'écris cette lettre tous les mois et j'ai l'intention de leur donner ces lettres quand elles auront dix-huit ans.

MSTISLAV ROSTROPOVITCH

“Slava”, comme on l’appelait, m’a accompagné dans différentes phases de mon existence. J’avais une immense admiration pour lui, pour sa personnalité hors normes, comme interprète bien sûr, et aussi comme artiste créateur, ami de Britten, Chostakovitch, Dutilleux, Penderecki et tant d’autres compositeurs de génie. Nous nous sommes rencontrés lors d’une croisière sur le *Mermoz*. André Börösz, le producteur hongrois, organisait des croisières musicales sur ce bateau deux fois par an. En septembre en Méditerranée et en janvier aux Caraïbes. De nombreux grands musiciens, tels que Mstislav Rostropovitch, Isaac Stern, Jean-Pierre Rampal, Maurice André ou Yuri Bashmet, participaient. Le résultat musical à bord était souvent discutable, mais on s’y amusait bien. Barbara et moi y avons été invités pour la première fois en septembre 1978. Comme Barbara avait eu Jennie Tourel comme professeur[1], elle chantait les mélodies de Rachmaninov, Tchaïkovski ou Glinka depuis l’époque de ses études. Lorsqu’elle a su que Galina Vichnevskaïa et Mstislav Rostropovitch seraient à bord, elle a souhaité ajouter quelques chansons russes à son programme. Par l’intermédiaire d’André Börösz, Barbara a demandé si Galina pouvait l’aider, à un moment ou un autre, à préparer ce concert. Bien qu’elle ait originellement accepté, le temps passait et Barbara a travaillé seule les œuvres en question. Quelques heures avant le récital, elle a reçu par l’intermédiaire d’André un message de Galina demandant de retirer ces morceaux russes

1. Voir note 1 p. 100.

du récital. Selon elle, c'était comme si Barbara voulait lui donner une leçon. Barbara était effondrée. En outre, elle devait complètement changer son programme juste avant le concert devant le célèbre couple… Finalement, le récital s'est bien passé. Slava et Galina étaient au premier rang, et sont venus complimenter Barbara en coulisses. À un moment, Galina a regardé Barbara dans les yeux et lui a lancé : "Pourquoi avez-vous changé votre programme ? J'attendais que vous chantiez ces mélodies russes." J'ai cru que Barbara allait s'évanouir. L'atmosphère est restée glaciale pour le reste de la croisière.

Pendant mes années parisiennes, j'ai revu Slava de temps en temps. Il résidait à Paris, mais était tout le temps en voyage. En 1982, il a dirigé une nouvelle production d'*Eugène Onéguine* à l'Opéra de Paris[1] avec Galina dans le rôle de Tatiana. Neil Shicoff chantait celui de Lenski. Comme j'étais l'agent de Neil, j'assistais à quasiment toutes les représentations et nous avions régulièrement des dîners avec Slava et les autres chanteurs de la production – Galina, elle, ne venait jamais avec nous. La plupart du temps, cela finissait dans la suite de l'hôtel de Slava à boire de la vodka. Pas avec de petits verres, mais de grands verres que Slava allait chercher dans la salle de bains ! Je dois dire que je tiens assez bien l'alcool. Slava avait dû me juger sur ce critère, car, par la suite, il m'a toujours invité à ses dîners bien arrosés d'après-concert. Nos chemins professionnels se sont à nouveau croisés lorsque j'étais chez Deutsche Grammophon et que je l'ai fait enregistrer. Cependant le moment le plus mémorable avec lui fut une tournée de l'UBS Verbier Festival Orchestra en Europe en 2004. J'avais déjà invité Slava au festival, mais il avait refusé les conditions financières. Son cachet était de 55 000 dollars par concert, plus l'hôtel et le voyage. Pas un sou de moins. Pour cette tournée annuelle, nous avions un bon budget pour les chefs et les solistes, et j'ai donc eu la possibilité d'engager Rostropovitch. Nous nous sommes retrouvés à Madrid et avons passé dix jours ensemble. La tournée passait par Paris, Hambourg, Varsovie et Vienne. Là, j'ai pu échanger longuement avec lui. Il avait vraiment connu tous les musiciens et tous les politiciens de son temps. Pendant l'entracte, à Varsovie, je suis

1. Une mise en scène de Gian Carlo Menotti, du 23 septembre au 19 octobre. Ce furent les adieux à la scène de Vichnevskaïa.

allé le voir. Il a pris deux chaises et nous nous sommes assis l'un à côté de l'autre. "Regarde autour de toi, Martin", m'a-t-il alors dit. Les murs étaient couverts de photos représentant les plus fameux compositeurs, chefs d'orchestre et solistes à avoir joué à la Philharmonie de Varsovie. "Tu vois toutes ces photos ? Rien que des gens que j'ai connus et avec qui, la plupart du temps, j'ai collaboré." Et il est alors passé d'une photo à l'autre, une histoire sur une personnalité en appelant une autre. Avec le recul, je regrette simplement de ne pas avoir enregistré ou noté ces moments. Quelle vie phénoménale que la sienne !

En octobre 2006, Galina a créé son propre concours international de chant à Moscou[1] et m'a invité à faire partie du jury. Nous n'étions que cinq. Galina, Slava, moi, donc, et deux chanteurs russes. La manière dont Galina se comportait devant les candidats pendant les épreuves était… problématique ! Elle faisait des commentaires à voix haute alors qu'ils chantaient. Et, bien sûr, les candidats pouvaient entendre ce qu'elle disait. C'était vraiment embarrassant et j'ai demandé à Slava s'il pouvait intervenir. Il a dit oui, mais n'a rien fait. J'ai eu le sentiment qu'il ne souhaitait pas se confronter directement à elle. Un jour, Slava n'était pas là à côté de moi et j'ai demandé à Galina si nous devions l'attendre pour débuter. Elle a dit non. Le lendemain Slava était à nouveau présent. Je pensais qu'il avait été malade. "Non, m'a-t-il répondu, j'ai assisté à l'enterrement de ma sœur." J'ai le souvenir précis de cette époque. Il avait l'air d'un petit homme frêle, alors qu'il avait été si grand, et si rayonnant. Six mois plus tard, il est mort.

1. En 2002, elle avait fondé le Centre lyrique Vichnevskaïa.

V

DES RACINES ET DES AILES

Le Verbier Festival, c'est le festival où les artistes jouent des œuvres qu'ils ne jouent jamais, avec des gens qu'ils ne connaissent pas.

MARTHA ARGERICH

Maintenant que tous les acteurs de la pièce sont connus, revenons à l'histoire du Verbier Festival. Que s'est-il passé après l'édition 1995 et ses difficultés ? Avez-vous revu vos ambitions à la baisse ?
Les difficultés financières avaient tout d'une débâcle… Nous avons prévu des budgets incontestablement plus réalistes dans les années qui ont suivi – plus réalistes, certes, mais pour des festivals un peu moins intéressants artistiquement. En 1996 et 1997, nous avons eu en résidence l'Orchestre mondial des jeunesses musicales, avec des musiciens en provenance de plus de cinquante pays différents. Nos chefs pour ces deux années étaient Yuri Temirkanov, Kurt Masur, Armin Jordan, Antonio Pappano, Bobby McFerrin et Kent Nagano, entre autres. En 1998 et 1999, nous avons reçu l'Orchestre symphonique du Curtis Institute de Philadelphie, avec Antonio Pappano, Yuri Temirkanov, Kurt Masur, Kent Nagano, Charles Prince et James Levine (entre autres !).

Qu'étaient devenus vos mécènes ?
M. Maucher de Nestlé était toujours mon premier partenaire et suivait ma navigation au milieu des contraintes pendant les premières années du festival.

Lors d'une réunion, en 1996, il s'est tout d'un coup retourné vers moi avant de me demander s'il pouvait faire quelque chose d'autre pour moi. J'ai balbutié : "Oui, peut-être m'aider à contacter d'autres Maucher… – Qui ?" Je n'étais pas préparé à cette discussion. J'ai répondu quelques noms de firmes multinationales. Il m'a alors fait me rasseoir. Il m'a parlé de Nestea, un projet qu'il développait avec Coca-Cola et qui allait sortir. Il a pris son téléphone et a appelé le président de Coca-Cola, Roberto Goizueta. Il l'a eu en ligne et a commencé à lui parler de moi. Il a demandé qu'il me reçoive. Il proposait le mardi suivant à dix heures du matin. Me voilà donc à Atlanta, en Géorgie, au siège, très impressionnant, de la firme. On m'a accompagné au dernier étage dans une sorte de séjour avec les photos de tous les anciens présidents. Puis je suis entré dans l'immense bureau de M. Goizueta, avec sa vue sur toute la ville. Il a débuté en m'expliquant le développement de la marque, des bouteilles, et leur internationalisation. C'était très intéressant, mais j'étais là pour le Verbier Festival, afin que Coca-Cola devienne l'un de nos sponsors. Il m'a écouté, et lorsque j'ai mentionné Aspen, Colorado, comme étant un modèle[1], il a mieux compris le projet. Il a mentionné quelques événements dont il était sponsor comme les Jeux olympiques ou la coupe du monde de football. Après avoir demandé combien de billets avaient été vendus lors de la précédente édition (c'était sept mille, ai-je répondu), il a changé. Il a appelé la direction du mécénat à nous rejoindre. Il m'a présenté et a expliqué que Verbier n'était pas à son avis un projet commercial, mais plutôt un projet d'ordre philanthropique. Après une visite à Verbier en novembre 1996 du directeur du marketing, Coca-Cola est devenu un partenaire pour cinq ans, fournissant à volonté des boissons pendant le festival.

Finalement, j'ai eu une dernière réunion avec M. Maucher en mai 2000, quelques semaines avant sa retraite. Je voulais le remercier pour son aide, financière et morale, pendant toutes ces années. Je voulais aussi lui poser une question qui tenait en un mot : "Pourquoi ?" Pourquoi m'avait-il aidé ? Il a répondu. Il m'a dit que chaque fois que nous avions parlé du festival, j'avais une vision claire de ce que je voulais réaliser et de la manière d'y arriver. Et il a ajouté qu'il appréciait les hommes de grande taille. Il leur faisait confiance.

1. Voir note 2 p. 111.

Comment s'est développé l'orchestre du festival ?

Les époux Timchenko, Gennady et Elena, ont été l'un de mes premiers grands sponsors. Je les ai rencontrés pour la première fois à Saint-Pétersbourg en 1998 lors d'un gala en l'honneur de Yuri Temirkanov et nous sommes devenus amis. Elena a accepté de soutenir le Verbier Festival par l'intermédiaire de leur fondation familiale et est restée jusqu'à la terrible année 2022. Je leur suis très reconnaissant pour l'aide qu'ils m'ont apportée pendant toutes ces années.

Une personne clé a été Georges Gagnebin, dont j'ai déjà évoqué le nom et l'action. Il avait un chalet à Verbier et était un grand mélomane. Il nous a accompagnés dès le début, avec la banque SBS, qui est devenue très importante dans le financement du festival dès la deuxième édition, en 1995. En 1997, la banque a fusionné avec UBS, l'Union des banques suisses[1], qui a été jusqu'en 2009 l'un de nos principaux sponsors. Georges est devenu le directeur exécutif de la banque privée d'UBS. Un poste imposant, comme l'était Georges lui-même. C'était un partenaire parfois assez dur, qui réclamait une grande attention. Miguel et moi avons vite appris à répondre aux demandes de la banque. Être sponsorisé par UBS était quelque chose. Georges avait une philosophie simple : il n'était jamais spectateur, toujours acteur. Il nous mettait à l'épreuve constamment, et sur tous les sujets – y compris artistiques. Peu de choses parlaient en notre faveur (pas de salle de concert ni de lieu de répétition, pas d'hôtel cinq étoiles…) et d'une certaine manière Verbier n'était en rien la destination pour un grand festival de musique de niveau international. Il n'y avait pas non plus de lieu de réception pour la clientèle privée d'UBS, habituée aux prestations haut de gamme. Et pourtant Georges nous soutenait. Il avait une vision. Il avait jusqu'à mille cinq cents clients présents pendant le festival, assistant aux concerts, aux masterclass, mais aussi à des randonnées ou à des tournois de golf. Georges avait donné comme consigne de venir "décontracté". Mais cela ne suffisait pas.

C'est-à-dire ?

Pendant l'été 1998, Georges avait mentionné qu'il souhaitait monter un orchestre de jeunes avec la banque, et m'avait demandé, à titre personnel,

1. Voir note 2 p. 125.

de m'en occuper. Son collaborateur Martin Liechti est venu me rendre visite dans mon bureau de Vevey en insistant sur ce qu'il pensait être une bonne idée. Je ne trouvais pas ; j'estimais au contraire que ce n'était pas à une banque d'avoir un orchestre de jeunes. En novembre, Liechti a demandé un nouveau rendez-vous, me laissant ensuite jusqu'au début de l'année suivante pour prendre une décision. J'ai bien compris que c'était sa dernière proposition. Je restais indécis. Au moment des fêtes de fin d'année, j'ai reçu par téléphone les vœux de Kent Nagano. J'en ai profité pour lui parler de la proposition d'UBS. Spontanément, il m'a suggéré de proposer à la banque de sponsoriser l'orchestre des jeunes de Verbier. Aussi étrange que cela puisse paraître, cela ne m'était pas venu à l'esprit. Je l'ai bien remercié et j'ai commencé à réfléchir à une proposition à UBS, avec trois possibilités :

– une était de sponsoriser le Curtis Institute à Philadelphie et d'avoir les musiciens de son orchestre à disposition quelques semaines par an ;

– une deuxième était d'aider l'orchestre des jeunes du Festival de Deauville avec les jeunes musiciens les plus doués de France ;

– la dernière idée était de créer le Verbier Festival Orchestra, et d'avoir les musiciens à disposition quelques semaines par an.

J'ai envoyé ma note en janvier 1999 et j'ai reçu une réponse immédiate d'UBS : ils étaient d'accord pour valider l'idée de créer le Verbier Festival Orchestra. Miguel a pris les choses en main, et, au printemps, nous avions une nouvelle entité, un contrat signé par UBS, et un nouveau bureau. Anne-Brigitte de Courten et Caroline van de Ven, deux personnes efficaces qui travaillaient déjà à temps partiel pour le festival, sont devenues administratrices. Claudio Vandelli, le chef d'orchestre italien, est devenu le directeur musical assistant, responsable notamment du recrutement des musiciens aux quatre coins du monde.

Comment a-t-il procédé ?

À cette époque, rien ne se passait en ligne. Tout était “en présentiel”. Claudio, qui a des oreilles exceptionnelles et un grand sens de la sonorité orchestrale, s'est arrangé pour auditionner plus de mille jeunes musiciens dans les grandes villes d'Amérique, d'Europe et de Russie qui souhaitaient rejoindre cette nouvelle phalange, placée sous la direction de James Levine.

Jimmy avait suggéré de faire venir les membres de l'orchestre trois semaines avant le concert inaugural à Verbier et de les faire répéter avec des coachs venant de son propre orchestre du Met. Aujourd'hui, quelque vingt-deux ans plus tard, certains d'entre eux comme Nancy Wu, Leigh Mesh ou Joe Anderer passent toujours leur été à Verbier.

Nous avions carte blanche de la banque pour identifier et inviter les meilleurs musiciens d'orchestre de dix-huit à vingt-huit ans. L'arrangement que nous avions avec UBS consistait à monter l'orchestre, à former les musiciens et à préparer des programmes qui seraient donnés à Verbier et chaque automne pendant une tournée organisée spécialement pour la banque. Nous avions reçu une liste de villes où l'orchestre devait jouer. Cela correspondait à environ douze ou treize concerts, d'octobre à novembre. J'ai demandé à Avi Shoshani de prendre en main l'organisation de la tournée. Un défi, dans la mesure où la banque était très demandeuse ; les salles, les places, les espaces de cocktails, tout devait être adapté à leur clientèle.

Quel bilan tirez-vous de cette expérience ?

En huit années d'activités, le UBS Verbier Festival Orchestra a joué dans quatre-vingt-cinq villes et trente-trois pays. Le budget total de l'UBSVFO durant ces huit années était proche de cent millions de francs suisses. C'était le plus important parmi les projets marketing d'UBS ces années-là. Les jeunes musiciens étaient vraiment les meilleurs du monde, et écouter cette phalange était un pur bonheur. Les avoir parmi nous pendant l'été ne posait pas de problème ; c'était plus difficile à l'automne… La plupart de ces instrumentistes étudiaient au conservatoire et les attitudes des différentes écoles étaient très disparates. Par exemple, la Juilliard School de New York interdisait à ses étudiants de participer à l'UBS Verbier Festival Orchestra. Elle ne souhaitait pas les voir manquer des cours du premier semestre. À l'opposé, une autre grande école de New York, la Manhattan School of Music, encourageait cette expérience unique pour ses élèves, la possibilité de partir en tournée avec des chefs comme James Levine, Herbert Blomstedt, Charles Dutoit, Mstislav Rostropovitch ou Paavo Järvi. Le but de leur école étant de former de futurs musiciens professionnels, principalement d'orchestre, ils pensaient que notre orchestre était la meilleure formation imaginable. Assez rapidement, les jeunes musiciens se sont passé le mot et l'UBS Verbier Festival Orchestra est devenue *"the place to be"*, non sans causer quelques drames. Une de nos violonistes, qui étudiait à la Jacobs School of Music de l'université d'Indiana à Bloomington, a par exemple été jusqu'à interrompre ses études parce que l'école lui interdisait de se produire avec nous, afin de poursuivre son expérience avec l'orchestre.

Avec le recul, je suis très fier de cette expérience. Je voyage beaucoup, et, où que j'aille dans le monde, je retrouve toujours des anciens de l'UBS Verbier Festival Orchestra au sein des plus grandes phalanges. Tout cela en grande partie grâce à un homme visionnaire, Georges Gagnebin, qui avait lancé cette idée. Georges et moi avions une très bonne relation avec James Levine, différente, mais complémentaire. C'est apparu clairement en septembre 2001 lorsqu'une affaire embarrassante est survenue.

Que voulez-vous dire ?

Nous étions en train de préparer la tournée de novembre 2001 qui devait porter l'UBS Verbier Festival Orchestra aux États-Unis avec des concerts à Chicago, Miami, New York dirigés par Levine, et ensuite quatre concerts en Amérique du Sud avec Paavo Järvi comme chef. Georges m'appela soudain pour me dire qu'un membre du comité exécutif d'UBS lui avait demandé d'annuler la tournée. La raison ? Un client s'était plaint que Jimmy avait eu dans le passé des "relations inappropriées" et que la tournée serait mauvaise pour l'image de la banque. J'ai alors dit à Georges que les conséquences d'une potentielle annulation de la tournée quelques semaines seulement avant la date seraient sûrement plus graves que les accusations de quelques clients de la banque. Quoi qu'il en soit, la situation était bien délicate et la suite difficile à prévoir. Marcel Ospel, le président du comité exécutif d'UBS, a demandé ma présence à une réunion le lendemain à Londres. Je n'avais évidemment pas d'autre choix que de m'y rendre et de réfléchir à ce que j'allais dire. Je savais qu'il y avait des rumeurs concernant les préférences sexuelles de Jimmy, et aujourd'hui on en sait plus à ce sujet, mais je devais trouver un argument pour que cette tournée ne soit pas annulée. Georges m'attendait au dernier étage au siège d'UBS. Nous sommes entrés dans la salle du conseil, où m'attendaient un certain nombre d'hommes blancs en costume et cravate, sans leur veste et portant tous une chemise blanche. J'ai reconnu Marcel Ospel et un certain nombre de dirigeants d'UBS.

L'atmosphère était vraiment intimidante. M. Ospel m'a fait assoir à côté de lui, a pris la parole et m'a demandé si je savais pourquoi j'étais là. J'ai répondu "oui". Il a ensuite donné la parole au membre américain du conseil qui avait été en contact avec Georges. Celui-ci a expliqué qu'il avait été contacté par plusieurs clients importants de la banque, se plaignant qu'elle soit impliquée avec James Levine. Son avis était qu'il fallait annuler cette tournée aux États-Unis, bien que les dates aient déjà été annoncées. M. Ospel s'est alors tourné vers moi et m'a demandé ce que j'avais à dire à ce sujet. J'ai alors expliqué que Disney venait de sortir une nouvelle version du film *Fantasia (Fantasia 2000)*, dont la bande originale était dirigée par James Levine, et qu'à mon avis cela devait faire taire toutes les spéculations au sujet des zones d'ombre de James Levine. J'estimais que Disney avait dû engager une vérification à ce sujet avant de travailler avec Levine. M. Ospel m'a ensuite demandé de sortir de la salle et d'attendre. Après trois minutes, Georges est venu me chercher. Je me suis rassis, et M. Ospel m'a annoncé que le conseil avait décidé de laisser la tournée se dérouler comme prévu. Je me suis levé en remerciant l'assistance. Georges m'a raccompagné jusqu'à l'ascenseur en me disant : "Bien joué". Quel soulagement. À cette époque, nous n'avions aucune idée de la réalité des problèmes d'inconduite de Jimmy. Nous espérions sauver les concerts de l'orchestre.

2006 a été la dernière année où James Levine est venu diriger au Verbier Festival. Il a annulé 2007 et n'a pas pu voyager par la suite. J'ai essayé de le faire revenir en 2014, mais cela n'a pas marché. Il ne pouvait tout simplement pas quitter New York. Je continuais à le voir lors de mes voyages réguliers là-bas. En 2017, il a été accusé d'abus sexuels par plusieurs hommes et sa carrière professionnelle a pris fin. Il était déjà physiquement très faible, mais ces accusations l'ont fait se retirer complètement des quelques relations amicales qu'il avait. En 2020, son frère Tom est décédé et Jimmy a quitté New York pour mourir quelques mois plus tard à Palm Springs, en Californie. Une fin très triste à une vie très réussie dans le monde de la musique.

Et ensuite ? Que s'est-il passé avec l'UBS Verbier Festival Orchestra ?
En novembre 2008, notre orchestre a joué à l'Opéra de Lyon. Deux heures avant le concert, j'ai soudain reçu un e-mail provenant d'un compte Gmail

anonyme. On me disait que je devais savoir ce qui se passait dans mon dos : la direction du mécénat d'UBS était en train de négocier avec le Festival de Lucerne un transfert du Verbier Festival Orchestra... à Lucerne. J'ai appelé mon ami Michael Haefliger, le directeur du Festival de Lucerne, pour lui demander ce qui se passait, il m'a répondu qu'en effet, UBS lui avait demandé de reprendre "notre" orchestre, mais qu'il ne voyait pas pourquoi il devrait le faire. Après en avoir parlé avec Georges Gagnebin, qui avait entre-temps pris sa retraite d'UBS, mais était désormais président de la Fondation du Verbier Festival, j'ai préparé un communiqué de presse signifiant que nous annulions immédiatement notre contrat avec UBS. Le lendemain, nous avons informé UBS et envoyé le communiqué, qui a été repris par le *New York Times*, le *Süddeutsche Zeitung* et la *Neue Zürcher Zeitung*. Pendant ce temps, Georges avait appelé le président de la commune et le président du canton du Valais afin de leur expliquer ce qui se passait et leur demander d'augmenter leurs contributions. Ils sont tombés d'accord sur l'idée de couper le gâteau en trois parts, avec le festival prenant en charge le tiers du million de francs que coûtait l'orchestre du festival. Tout cela a été réglé en quelques jours seulement. Le leadership de Georges était simplement incroyable. Il n'a pas hésité un instant.

À l'époque, vous avez également créé l'UBS Verbier Festival Chamber Orchestra. Dans quel but ?
À l'automne 2003, Georges Gagnebin est venu me voir pour m'expliquer qu'il y avait un fort intérêt autour de l'UBS Verbier Festival Orchestra, et qu'il ne pouvait satisfaire les demandes de tous les territoires. Il m'a donc demandé s'il était possible de monter un orchestre de chambre, plus modeste et plus flexible, pour pouvoir répondre plus facilement aux demandes de la banque. Oui, c'était possible, et nous lui avons proposé le plan suivant : nous allions contacter des anciens du "gros" orchestre, et leur proposer le projet. Ainsi, ayant déjà connu une expérience à Verbier, ils pourraient poursuivre l'aventure, d'une autre manière. Claudio Vandelli et Blythe ont rapidement dressé une liste de musiciens qui formeraient un orchestre de chambre de qualité. En décembre 2003, nous avons pu donner notre premier concert à New York, au MoMA. Dmitry Sitkovetsky dirigeait des airs de Mozart avec en soliste Renée Fleming. Les gens

d'UBS étaient très heureux et nous avons tous pensé que c'était le début d'une belle histoire.

Et alors ?

J'avais une relation très étroite avec Maxim Vengerov et il m'avait parlé de son projet d'enregistrement des concertos pour violon de Mozart. Je lui ai donc proposé un plan avec l'UBS Verbier Festival Chamber Orchestra, incluant une longue période de préparation, ce qui était fondamental pour Maxim. Pour l'orchestre aussi d'ailleurs, car ses membres n'avaient pas encore une longue expérience de chambristes. À l'automne 2004, nous avons donc décidé d'inviter tous les musiciens dans un kibboutz en Israël. Là, ils pourraient apprendre à mieux se connaître et auraient la possibilité de travailler en profondeur. Cette période de deux semaines au kibboutz Afikim en Galilée a été un succès. Maxim et l'orchestre ont pu construire ensemble la base d'une véritable sonorité commune. C'était par moments difficile, mais cela a payé. À la fin, le résultat était sensible. Pour la tournée, nous avions demandé à Barrett Wissman, le propriétaire de l'agence IMG Artists, de monter une tournée en Europe et en Amérique du Nord. Il était prévu deux concerts par ville, avec les cinq concertos solos plus la *Symphonie concertante pour violon et alto*, avant un enregistrement pour EMI, organisé à Londres. Vingt-cinq concerts en tout, qui devaient avoir lieu au printemps 2005 et devaient inclure un concert aux Proms de Londres, également filmé pour la télévision, en août. Malheureusement, Maxim a commencé à avoir des problèmes à l'épaule. La tournée a été remise en question. Il est vite apparu que Maxim ne pouvait plus envisager de jouer les cinq concertos de manière intensive pendant six semaines comme prévu au départ. Nous avons concocté un nouveau programme avec un concerto de Mozart, la *Symphonie concertante* avec l'excellent jeune altiste anglais Lawrence Power, une symphonie, toujours de Mozart, et la transcription pour cordes du *Quatuor n° 8* de Chostakovitch. Nous n'avions plus qu'un seul programme possible désormais, mais IMG avait vendu l'intégrale des concertos pour violon… Les lieux étaient des plus prestigieux, avec notamment le Carnegie Hall de New York et le Musikverein de Vienne, et certains organisateurs étaient furieux. Quelques-uns étaient d'accord pour avoir deux fois le même concert à la suite, mais d'autres ont annulé. Maxim a tâché de mener le projet à son terme, incluant les Proms, mais ce n'était pas facile pour lui. Pendant l'été 2006, après plusieurs concerts avec les différents chefs du festival, j'ai organisé une réunion avec les membres de l'orchestre de chambre pour leur demander qui devait prendre la direction artistique de l'ensemble. Il n'y a eu aucune hésitation : le nom de Gábor Takács-Nagy s'est imposé.

Gábor Takács-Nagy occupe désormais une position importante à Verbier. Comment l'avez-vous connu ?
Je savais qu'il était membre fondateur du Quatuor Takács[1], mais je ne l'ai pas rencontré avant une soirée où il dirigeait l'Orchestre du conservatoire de Sion. J'étais membre du conseil du conservatoire et allais régulièrement à leurs concerts. Gábor ne dirigeait pas depuis longtemps et il bougeait beaucoup sur scène. Vraiment trop ! C'était même assez déstabilisant. Mais le résultat était très musical : cet homme respirait la musique. Nous avons commencé notre relation à cette occasion. L'été suivant, en 2006, il est venu à Verbier et a été choisi comme directeur artistique par les musiciens de l'orchestre de chambre. Ils ont unanimement apprécié sa franchise, son honnêteté et sa sensibilité. La fraîcheur des interprétations de Gábor est immédiatement ressentie par les musiciens, aussi bien que par le public. Depuis toutes ces années, je n'ai jamais regretté le choix de Gábor ni questionné ses interprétations. Je vois en outre à quel point il est aimé des musiciens, dont beaucoup souhaitent revenir à Verbier afin de passer du temps avec lui. Son amitié – ainsi que celle de sa femme Lesley – m'est très chère, comme l'est son implication sans faille pour l'orchestre de chambre du festival et pour sa classe de musique de chambre à la Verbier Academy. Cette année 2023, nous sortirons un album sur notre propre label Verbier Festival Gold (distribué par Deutsche Grammophon) de l'intégrale des symphonies de Beethoven dirigées par Gábor et avec notre Verbier Festival Chamber Orchestra. Je vois cela comme un

1. Le Quatuor Takács, aujourd'hui résident aux États-Unis, avait été créé en Hongrie en 1975 par quatre étudiants de l'Académie de musique de Budapest, Gábor Takács-Nagy (premier violon), Károly Schranz (second violon), Gábor Ormai (alto) et András Fejér (violoncelle).

hommage à Gábor, à notre amitié et à sa manière unique de faire de la musique unique.

Nous n'avons pas encore parlé de l'inauguration de la salle des Combins…
En effet. De la tente, nous sommes finalement passés à cette salle en semi-dur. Notre directeur technique Erick Sez a trouvé une solution formidable aux Pays-Bas. Ainsi, chaque année, nous montons cette structure qui peut accueillir mille sept cents spectateurs dans de bonnes conditions de visibilité et d'acoustique. Mais là encore, l'inauguration a été un moment… très spécial !

C'est-à-dire ? Racontez !
Le 16 juillet 2010, donc, j'ai fait un grand discours dans lequel j'ai vanté cette nouvelle salle, sa solidité, le son, le confort, etc. Tout se passait bien, le public avait répondu présent. Tous les officiels étaient là, de même que nos mécènes, notamment les PDG de Julius Bär, de Rolex. Je suis sorti de scène et le concert a débuté. Yuja Wang jouait le *Concerto n° 2* de Prokofiev, Charles Dutoit dirigeait. Au bout de quelques minutes, au beau milieu de la grande cadence du premier mouvement, on entendit un grand "boum" et la pluie a commencé à tomber. Ce n'était pas un simple orage de montagne, non, pas du tout. C'était l'orage le plus violent de la région depuis au moins dix ans ! Des vaches ont été tuées, la route d'accès à Verbier a été fermée pendant plusieurs heures à cause des éboulements… Bref, une catastrophe. La pluie tapait tellement fort sur le toit que l'on n'entendait rien. Je me suis levé et me suis approché de Yuja pour lui dire d'arrêter de jouer. *"Stop playing, Yuja !"* Une fois, deux fois, trois fois. J'étais à deux mètres et elle ne m'entendait pas. Rien ! J'ai été obligé de taper sur son pied pour qu'elle comprenne. Elle s'est arrêtée, mais Charles, lui, a continué à diriger, avant de comprendre la situation. Nous ne savions pas quoi faire. Heureusement, vingt-cinq minutes plus tard, nous avons pu reprendre depuis le début. J'étais atterré. Au dîner d'après concert, je suis arrivé en m'excusant platement. Le PDG de Rolex s'est alors tourné vers moi et a dit : "Vous excuser ? Pourquoi ? C'était une soirée exceptionnelle ! Pleine de surprises. Bravo et merci !" Une fois de plus, l'inattendu avait fait l'histoire de Verbier.

Suisse de Lausanne, Charles Dutoit, un chef d'orchestre à la carrière mondiale, était un choix tout à fait légitime pour le Verbier Festival. Comment l'avez-vous connu ?
Comme de nombreux artistes, j'ai fait sa connaissance dans ma jeunesse, à Stockholm. Lors d'une série de concerts, il avait un jour de libre et je l'ai passé avec lui, sur l'une des nombreuses îles de l'archipel. Une journée magique, dont nous avons souvent reparlé ensuite. Cependant, au fil du temps, j'ai un peu perdu le contact avec lui. Les cachets du Verbier Festival ne lui convenaient pas. Nous avons renoué à l'époque de l'UBS Verbier Festival Orchestra, pour lequel il a effectué trois tournées dans les années 2000, en Asie et aux États-Unis. De 2009 à 2017, il a été le directeur musical de notre orchestre. Je pense aussi à sa femme Chantal, toujours présente. Ce fut une magnifique collaboration. Humaine, mais aussi artistique, car Charles m'a poussé à aborder de nouveaux répertoires auxquels je n'aurais pas pensé, comme la *Turangalîla-Symphonie* de Messiaen, ou des opéras tels que *La Damnation de Faust* (pas un opéra à proprement parler, mais une "légende dramatique") ou même *Pelléas et Mélisande* de Debussy. Des projets de grande envergure, difficiles et gratifiants pour nos musiciens et le public.

À la fin de 2017, Charles a été accusé d'agression sexuelle par plusieurs femmes. Sa brillante carrière internationale a été stoppée en quelques jours. Je ne peux pas juger de ce qu'il s'est passé à l'époque. Cependant, j'ai vu que les victimes n'ont pas donné de suite à leurs accusations et que Charles n'a pas été condamné. Sa vie professionnelle a été bouleversée, mais il a eu la force de continuer. Charles dirige plutôt des orchestres avec lesquels il n'avait jamais ou pas pu travailler dans le passé. Je l'ai invité à nouveau à Verbier en 2022.

L'un des principes de Verbier semble de permettre aux artistes de réaliser des choses impossibles ailleurs…
Oui ! Laissez-moi vous donner l'exemple du baryton Thomas Quasthoff. Un jour, je le rencontre à Verbier pendant le festival. C'était en 1998. J'étais étonné, car je ne l'avais pas invité… Je vais le voir et il m'explique qu'il est venu avec des amis passer du bon temps, car il voulait découvrir ce que nous faisions. "Et c'est génial ici ! a-t-il ajouté, avant de conclure :

Je viendrais bien à nouveau dans les prochaines années. Si vous voulez que je chante, je le ferai volontiers." Soit ! Dès lors, je l'ai programmé avec plein de pianistes différents, tous solistes, Argerich, Levine, Kissin, Thibaudet, Grimaud, Ax… Nous avons développé une grande amitié, il a fait du classique, du jazz, il a enseigné – il le fait toujours –, et un jour je lui ai demandé de diriger la *Passion selon saint Matthieu*, qu'il connaissait vraiment de l'intérieur. Il l'avait chantée cinquante fois, dans le chœur ou comme chanteur soliste. La *Passion* a été montée autour de lui en 2015 avec des chanteurs proches de lui. Les récitatifs étaient accompagnés par Robert Levin[1]. Un très grand moment de musique et aussi d'amitié. Thomas est quelqu'un d'une grande curiosité et aussi d'une grande probité. Il a ses têtes et chante pour la joie de chanter.

Mischa Maisky, que vous avez déjà évoqué, était présent depuis le début.
Oui, en effet. Voilà un bel artiste, au talent éclatant. Depuis trente ans que je le connais, j'ai passé beaucoup de temps avec lui, ses enfants, la pianiste Lily et le violoniste Sascha, ses deux ex-femmes, ses quatre enfants plus jeunes aussi. Je ne l'ai jamais entendu dire du mal de l'un de ses collègues. Son incroyable sens de l'humour le conduit à trouver des éléments tragicomiques dans chaque situation de la vie. Ses partenaires musiciens passent les répétitions avec lui à rire – et à travailler aussi ! Sa vie a été riche en drames, notamment à l'époque où il vivait encore en URSS, mais il a conquis le public grâce à la sincérité et la passion de ses interprétations. Il fait vraiment partie de l'identité du festival.

D'autres artistes, cependant, n'ont pas voulu venir à Verbier, "le festival sous la tente"…
C'est vrai. Au début, András Schiff, par exemple, que j'avais connu très jeune à Londres comme je l'ai déjà expliqué, et donc sollicité parmi les premiers, ne voulait pas entendre parler de Verbier. Il pensait que les conditions de travail étaient déplorables, tout comme l'acoustique de l'église. Et puis Gábor a insisté. Ils ont fait des concerts ensemble et András a aimé

1. Parmi les chanteurs, on retrouvait Christiane Karg, Bernarda Fink, Mauro Peter ou Christopher Maltman.

l'ambiance "relax". Il est revenu, il a fait toutes sortes de concerts, des concertos, des récitals, de la musique de chambre, il a même dirigé et donné des masterclass. Dans son jeu comme dans son discours, il est très clair et très éloquent. Nous avons retrouvé notre amitié de jeunesse. Au départ, il ne voulait pas se mélanger aux autres pianistes pour fêter les vingt-cinq ans du festival. "Fais cela pour moi et pour le public, s'il te plaît", ai-je insisté. Finalement, il a adoré. Il a découvert Pletnev, Kissin, avec qui il joue régulièrement désormais, et les autres. Il était, je crois, heureux de m'avoir fait confiance. Voilà un artiste toujours curieux, ayant des principes forts et sains, cultivant son identité de musicien. Un exemple pour les jeunes.

Mais il est vrai qu'il existe des artistes que je respecte énormément et qui ne s'insèrent pas vraiment dans notre communauté d'artistes. Maurizio Pollini par exemple. Je ne pense pas qu'il apprécierait l'atmosphère détendue de Verbier. Anne-Sophie Mutter est venue quelques fois par amitié pour moi (j'ai été son producteur exécutif chez Deutsche Grammophon pendant six ans), mais je ne pense pas qu'elle se soit jamais sentie très à l'aise à Verbier.

D'un autre côté, nous avons eu une fois Björk[1] à Verbier. C'était en 1995. Kent Nagano l'avait rencontrée dans un avion quelque part et lui avait demandé si elle aimerait venir à Verbier pour chanter avec lui *Pierrot lunaire* de Schönberg. Je pense qu'elle a pris ça comme un défi et s'est effectivement présentée une semaine avant le concert. Nous n'avions pas le droit de la mentionner jusqu'au jour du concert, mais, malgré tout, la salle s'est remplie très vite. J'avais dit à son agent que j'avais très peu d'argent pour la payer, mais elle ne voulait pas de cachet. Seulement un chalet et un VTT durant son séjour. Elle ne voulait pas non plus que j'envoie une voiture à l'aéroport. Elle adore les trains et voulait prendre le train de Genève à Verbier.

1. Björk, de son nom complet Björk Guðmundsdóttir, est une musicienne, chanteuse, auteure-compositrice-interprète et actrice islandaise née le 21 novembre 1965 à Reykjavik. Elle s'est fait connaître dans le monde entier comme chanteuse du groupe The Sugarcubes, puis avec ses deux premiers albums solos, *Debut* (1993) et *Post* (1995).

Je retiens aussi ce concert comme un gros moment de stress pour nous. Kent m'avait dit qu'il ne pourrait diriger ce concert à Verbier que si j'arrivais à le renvoyer à Salzbourg à temps pour sa répétition d'orchestre le lendemain matin à 10 heures. J'ai eu l'idée de louer un corbillard et de le meubler d'un beau matelas, d'un délicieux panier de provisions et d'une merveilleuse bouteille de vin rouge. Nous avons trouvé deux chauffeurs qui l'ont conduit à Salzbourg où il est arrivé bien à temps pour sa répétition.

Une autre star internationale invitée en 1995 : l'acteur britannique Ben Kingsley[1]*. Comment est-il arrivé à Verbier ?*
Je l'avais invité à Verbier lire un texte sur Chostakovitch. J'avais moi-même eu l'idée d'organiser un concert basé sur le *Trio en mi mineur* et sur la situation de Chostakovitch lorsqu'il a composé cette œuvre en 1944. Avec Liza Wilson, nous avons recherché des lettres à et de Chostakovitch, témoin de ces années horribles, ainsi que des poèmes de Mandelstam et d'Akhmatova. J'ai reçu un appel téléphonique à mon bureau : Ben Kingsley était arrivé, je devais venir immédiatement au restaurant Farinet. J'y suis allé et l'ai salué avec beaucoup de respect. Sa réponse a été une question : "Que voulez-vous que je fasse ?" Elle m'a interloqué. "Vous n'avez pas lu le scénario ? ai-je demandé. – Bien sûr que je l'ai fait. Mais que veux-tu que je fasse ? Je suis un acteur. J'ai besoin d'un directeur. De qui était l'idée de ce texte ? – C'était la mienne, dis-je. – Bien. Tu me diras quoi faire." Cela a été une révélation pour moi, mais aussi une merveilleuse collaboration avec un acteur vraiment génial qui s'est développée, avec plusieurs projets avec lui ensuite à Verbier.

Autre visiteuse inattendue, la princesse Galyani Vadhana de Thaïlande…
Oui. Son Altesse Royale a été une visiteuse fréquente, quoique très discrète, du Verbier Festival pendant sept ans jusqu'à l'année précédant son décès en 2008. La seule sœur du roi Bhumibol avait passé du temps à skier à Verbier lorsqu'elle et son frère étaient au pensionnat à Lausanne dans les

1. L'acteur avait joué le rôle de Chostakovitch dans un film de Tony Palmer, en 1987, dont le titre original était *Testimony*, basé sur les "mémoires" controversées du compositeur.

années 1930. La princesse Galyani était une mélomane très enthousiaste et bien informée. C'était surtout le répertoire pour piano qui l'intéressait, notamment le jeu d'Evgeny Kissin. C'était une personne très modeste qui souhaitait séjourner dans le même hôtel trois étoiles, l'Hôtel de Verbier aujourd'hui disparu, où elle séjournait adolescente. Elle appréciait beaucoup le Verbier Festival et arrivait toujours avec une délégation importante. Elle nous a invités à jouer avec notre Verbier Festival Orchestra à Bangkok. Nous avons également lancé un programme d'échanges avec des étudiants thaïlandais par le biais de sa fondation.

Toute une nouvelle génération d'artistes a émergé à Verbier. J'aimerais vous demander de parler de quelques-uns d'entre eux. Débutons avec Evgeny Kissin.
Avec plaisir, car son parcours est exemplaire et il est parmi nous depuis la première année. L'évolution a été progressive et très fertile. Il a fait à Verbier des choses uniques, des programmes de musique de chambre, il a accompagné des chanteurs, il a même dit des poèmes (en anglais, en yiddish et en russe, qu'il a récités par cœur…). Je l'ai vu beaucoup changer.

Dans quel sens ?
Musicalement, il s'est développé, et a rencontré à Verbier des personnalités qui ont beaucoup compté pour lui comme James Levine ou Martha Argerich. Humainement, c'était quelqu'un d'extrêmement gentil, mais très fermé, ayant des problèmes pour s'exprimer et communiquer. Il s'est peu à peu ouvert, jusqu'à devenir une personne affable, qui s'intéresse à tous les problèmes du monde, à la politique, à la question juive. Lorsque je l'ai connu, il était très jeune et entouré d'adultes. Lors de sa première année parmi nous, en 1994, je lui ai proposé de venir passer une soirée dans la boîte de nuit de Verbier. Sa mère lui a donné l'autorisation pour une heure. Il était intrigué et cela l'a intéressé. La deuxième année, il a demandé que j'en parle directement à sa mère, et nous y sommes retournés ! Il était si heureux d'être avec des jeunes de son âge, dans une ambiance inhabituelle pour lui. Il y est régulièrement revenu. J'aime beaucoup Evgeny, c'est un immense artiste et un être brillant, généreux et sensible.

Vous avez tenté de nombreuses expériences avec lui. Une année, Kissin s'est par exemple retrouvé à l'affiche d'une "nuit des concertos" avec Radu Lupu...
Ah oui ! Comme on le sait, le regretté Radu Lupu était un être solitaire. En 1998, j'avais réussi à le programmer dans une "nuit des concertos" avec Neville Marriner comme chef d'orchestre, Kissin, Repin, Alexandra et Kirill Troussov. Radu devait jouer Beethoven. Il était d'accord sur le principe, mais voulait à tout prix éviter Kissin, ne pas le croiser ni lui parler, je n'ai jamais bien su pourquoi... Il a répété, tout était bien. Pendant la générale, il a voulu éviter la sortie des artistes, au cas où il y croiserait Kissin. Il est sorti par celle des pompiers et Kissin est arrivé sur scène. Je ne comprenais rien à ce qui se passait ! J'ai essayé de rattraper Radu. On avait du mal à marcher, car il n'y a pas de chemin prévu à cet endroit, le long de la tente. Au même moment, Kissin a commencé à jouer son concerto de Chopin. Radu a fait une pause alors qu'il pouvait entendre l'orchestre à travers les murs peu épais, et il est retourné dans la salle. Moi, je lui courais après, toujours sans comprendre ce qui se tramait. Radu s'est assis tout en haut, discrètement, et moi devant lui. Il a écouté, très concentré. À un moment, il y a un trille de la main gauche, très virtuose, dans un passage rapide. Radu a baissé la tête et je l'ai entendu dire : "Oh merde !"... Ensuite, il est rentré à pied à son hôtel, sans me parler.

Comment interpréter cela ?
En fait, il avait développé une forme de complexe vis-à-vis des pianistes russes, de leur technique, de leur force digitale... Alors vous pensez, face à ce gamin de vingt-cinq ans, qui jouait Chopin comme cela... Et pourtant, Radu, cet incroyable artiste, avait lui aussi d'immenses qualités pianistiques ! Je lui ai demandé une fois pourquoi il ne voulait pas venir faire un autre récital à Verbier. Sa réponse était qu'il y avait trop de "pianistes qui jouaient toutes les notes" qui pourraient alors l'écouter. Lui-même ne se considérait pas comme un pianiste qui jouait toutes les notes...

Autre genre : Lang Lang. Parlez-nous de lui.
Si vous voulez. Je l'ai invité sur la recommandation du grand pianiste et professeur du Curtis Institute Gary Graffman, qui l'a eu comme élève. Lang Lang est venu une première fois en 2001. Ma première impression est venue en lui serrant la main : elle est tellement douce que vous avez

l'impression qu'il n'a pas d'os ! Et pourtant il joue impeccablement et rien ne semble trop dur pour lui. Il possède une grande dextérité et j'ai été impressionné par sa manière de communiquer avec le public. Son talent est immense et sa personnalité immense elle aussi. Cela peut parfois lui jouer des tours. Il est tellement sûr de ses capacités de déchiffrage qu'il ne prépare pas ses programmes de musique de chambre. Cela m'a beaucoup perturbé, d'autant que j'y attache une grande importance, et fais toujours en sorte que les grands solistes jouent ce type de programmes. Lors de sa première visite en 2001, il a joué un récital solo à l'église de Verbier, et plus tard le délicieux *Trio pour piano* de Smetana avec Dmitry Sitkovetsky et David Geringas. Deux chambristes expérimentés. Le concert fut magnifique, mais les répétitions auraient pu être plus productives et satisfaisantes si Lang Lang avait connu le morceau avant de venir à Verbier. La même chose est arrivée en 2003 avec le grand *Trio pour piano* de Tchaïkovski, lorsqu'il m'a réclamé la partition en arrivant à Verbier. J'étais choqué, car ce trio est aussi difficile à jouer qu'un concerto. En outre, Deutsche Grammophon était présent sur place pour réaliser un documentaire de promotion sur cette rencontre entre le pianiste, Vadim Repin et Mischa Maisky.

En effet, au printemps 2002, j'avais proposé de signer un contrat d'enregistrement entre Lang Lang et Deutsche Grammophon. Je croyais dans ses capacités à communiquer et à conquérir un large public. Il avait en outre un management très solide en la personne d'Edna Landau à New York, qui était expérimentée et pouvait canaliser les appétits du très persuasif jeune pianiste. L'année précédente, j'avais signé le vainqueur du Concours Chopin en 2000, le pianiste Yundi Li. Il découvrait le circuit international et n'avait pas d'agent en Europe, ni aux États-Unis. Tout passait par son père, en Chine. Il faisait office d'agent, mais ne parlait pas anglais. Tout se passait donc par fax. On envoyait un message au père de Yundi via une amie à lui qui lui traduisait. Comme vous l'imaginez, c'était très lent et très frustrant… La résistance de son père à négocier avec un agent en Europe a finalement tué dans l'œuf la carrière internationale de Yundi – qui avait signé avec quatre agences à des dates rapprochées avant de disparaître du circuit. Si bien que lorsque j'ai parlé de Lang Lang à mes responsables du marketing, ils n'étaient guère enthousiastes. Ils avaient déjà eu un pianiste chinois, et le manque de contact avec Yundi avait laissé un mauvais souvenir. Pourquoi insister ?

En octobre 2002, je suis tout de même allé à New York, invitant mes boss, Chris Roberts et Michael Lang, à assister avec moi à un concert où Lang Lang donnait le *Concerto n° 2* de Rachmaninov avec l'Orchestre philharmonique de New York placé sous la direction de Lorin Maazel. Nous étions tous très impressionnés par l'interprétation et par l'incroyable réaction du public qui s'était levé comme un seul homme après la dernière note pour acclamer le pianiste. Nous avons dîné avec Lang Lang, qui à l'époque était plutôt réservé et peu éloquent. Le lendemain je débutais la négociation d'un contrat avec Edna Landau.

Lang Lang est régulièrement revenu à Verbier où le public l'avait adopté et appréciait ses interprétations toujours expressives. Il bougeait beaucoup de droite à gauche en jouant, restant à peine assis sur son tabouret. Il tenait complètement le public, et cependant ses collègues le considéraient avec scepticisme. En 2003, il interpréta le *Concerto n° 3* de Rachmaninov avec James Levine. Jimmy était intrigué par son talent et sa grande maîtrise instrumentale. Cependant, il estimait qu'il lui manquait quelque chose dans son approche de la musique et lui a proposé de venir travailler avec lui à Boston. Jimmy passait du temps avec les chanteurs, mais c'était très rare qu'il fasse ce genre de proposition à un instrumentiste. Lang Lang ne profita pas de cette opportunité qui lui était offerte, ce que j'ai trouvé honteux et arrogant. Yuri Temirkanov, qui avait été le premier et le plus fort des mentors du pianiste[1], était présent à ce concert avec Levine et avait refusé d'aller *backstage* : il était consterné par ce qu'il venait d'entendre. Je me souviens que Lang Lang était assez perturbé par ces différentes réactions. En fait, tout le monde avait un avis le concernant. Il était comme un outsider sûr de lui, choqué par la communauté des pianistes présents à Verbier cet été-là. Pour nos dix ans, en 2003, nous avions un grand concert avec huit pianistes : Ax, Andsnes, Angelich, Kissin, Pletnev, Levine, Scheja et Lang Lang. Tous en noir, sauf Lang Lang, qui portait une chemise bleu vif. Il était de bon ton de critiquer Lang Lang et la plupart de ses collègues le faisait. Dans une interview

1. En 2002 était paru sur le label américain Telarc un enregistrement de concert, aux Proms de Londres, du *Concerto n° 3* de Rachmaninov avec Lang Lang et l'Orchestre philharmonique de Saint-Pétersbourg, placé sous la direction de Yuri Temirkanov.

pour un magazine français, Martha Argerich, quelques années plus tard, avait eu des commentaires très sceptiques à son sujet. Lorsque j'ai rapporté à Martha qu'il avait été blessé, elle m'a tout de suite répondu que les propos rapportés ne reflétaient pas bien sa pensée. Elle était intriguée par Lang Lang. Martha étant tellement suivie par le monde musical, je lui ai suggéré d'inviter Lang Lang lors de l'une de ses cartes blanches et de jouer à quatre mains avec lui. Cela aiderait à arrêter ce "Lang Lang *bashing*". Elle l'a fait, avec une grande générosité, et je crois qu'il a su en tirer une leçon. J'ai régulièrement tenté de réinviter Lang Lang à Verbier, mais malheureusement son agent Jean-Jacques Cesbron n'a jamais accepté nos conditions financières.

Le regrettez-vous ?
Sur le moment, je l'ai regretté, oui, car je trouvais que Lang Lang avait beaucoup de talent. Il avait une capacité rare à rendre chaque partition abordée intéressante, en peu de temps. Je crois que cela venait de son père, qui m'avait expliqué que selon lui les notes seules n'étaient rien, et que son fils jouait toujours une partition en ayant une image ou une histoire en tête. Aussi, son exhibitionnisme n'était pas forcé. Il correspondait à sa nature et à sa façon d'aborder la musique. Il était sincère.

Pourquoi parlez-vous de lui au passé ?
Parce que j'estime qu'il s'est perdu. Avec tout cet argent, ces mécènes, ces accords de marketing croisé... Tout cela lui est monté à la tête (ainsi qu'à celle de son agent) et il a oublié la musique en cours de route. C'est dommage.

Gary Graffman, le professeur de Lang Lang à Curtis, dont vous venez de parler, a eu d'autres élèves devenus célèbres, notamment Yuja Wang. Dans quelles circonstances a-t-elle été invitée à Verbier ?
Via Gary Graffman, en effet. Il était venu à Verbier avec le Curtis Institute Symphony Orchestra en 1998 et 1999 et m'avait parlé de ces deux élèves à cette occasion, dans le détail. Gary parlait chinois. C'était quelqu'un de très cultivé qui n'enseignait pas seulement le piano à ses élèves, mais aussi tous les arrière-plans derrière la musique. Il donnait une éducation culturelle, au sens large. Quant à Yuja en particulier, elle est venue pour la première

fois à Verbier en 2008. Comme nombre de jeunes artistes, elle s'est trouvée immédiatement à l'aise, relax, dans son élément. Des centaines de jeunes musiciens, participant à nos orchestres et à nos académies, sont présents chaque été. Lorsque vous êtes très tôt lancé dans la carrière, comme l'a été Yuja, vous vivez dans un monde d'adultes sans vraiment le vouloir. Tous vos proches sont de l'âge de vos parents : votre agent, votre producteur de disque, l'organisateur de vos concerts... Vous n'êtes que très rarement en contact avec des gens de votre âge. C'est l'une des raisons pour lesquelles Verbier est devenu si populaire auprès des jeunes artistes. En outre, vous n'êtes pas la seule star présente. Toute la responsabilité ne pèse pas sur vous, pour une fois ; la pression est partagée. Le pub Mont Fort remplit aussi une fonction de convivialité importante après les répétitions et les concerts. Certains de nos jeunes génies n'avaient jamais été dans une boîte de nuit avant de venir à Verbier, comme Lang Lang ou Kissin. C'était une découverte pour eux. Ainsi, de mon point de vue, Yuja pouvait vraiment être elle-même à Verbier, et respirer. Bien sûr, elle devait jouer, elle devait répéter, mais dans une ambiance familiale, en ayant le sentiment d'appartenir à une communauté. Son premier récital eut lieu dans l'église et fut diffusé dans le monde entier par Medici.tv[1], avec un énorme impact. Des centaines de milliers de personnes ont regardé cette pianiste qui créait de la magie sur scène avec son piano.

À l'instar de Lang Lang, Yuja n'avait pas une grande expérience de la musique de chambre, mais elle était curieuse et voulait apprendre. En 2009, elle a joué le juvénile *Sextuor* de Mendelssohn avec cinq excellents jeunes collègues. C'était le début d'une longue collaboration entre nous, que je chéris encore aujourd'hui. J'ai souvent été auprès d'elle lorsqu'elle avait des questions professionnelles. J'ai été, je crois, de bon conseil, gardant une écoute amicale pour toutes ses questions. En 2009, je lui ai demandé si elle pouvait être intéressée par un contrat d'enregistrement de disque. Alain Lanceron d'EMI et Michael Lang de DG étaient présents à Verbier. Alain avait montré un intérêt immédiat, alors que Michael hésitait. Il devait voir avec les marchés asiatiques d'abord. Yuja, elle, voulait être sur le label jaune, Deutsche Grammophon. Je n'en étais plus le directeur, mais j'avais gardé

1. Voir page 173.

le contact avec tous mes anciens collègues. Pour moi, il n'y avait aucune hésitation possible : il fallait signer Yuja.

Comment la voyez-vous comme pianiste ?
Je ne vais trouver que des formules banales pour dire qu'elle possède un talent stupéfiant. Son jeu n'est jamais statique, toujours dynamique. Quoi qu'elle joue, elle y ajoute quelque chose de personnel. Voilà.

Et comme femme ?
Ses parents sont restés en Chine et elle est partie au Canada à quatorze ans, puis a vécu aux États-Unis. Seule. C'est donc une personne qui a des racines fragiles, profonde et toujours en recherche. Pour paraphraser Goethe, que j'ai déjà cité, elle a des ailes, mais pas de racines. Je me souviens de ses débuts à Carnegie Hall, à New York, un grand moment de sa carrière. Elle a divinement joué. Charles Dutoit dirigeait. J'étais là, avec Blythe. Yuja, elle, était seule, avec son copain du moment. Pas de professeur, pas de famille, pas d'ami de l'école. Kissin était toujours avec ses parents à son âge, comme Lang Lang… C'était symbolique de sa vie de solitude à cette époque. J'étais triste de voir cela. Mais elle a une force intérieure énorme. Elle est têtue et sait ce qu'elle veut. Je l'aime vraiment beaucoup et suis toujours là pour elle. Ce ne sont pas des paroles en l'air.

Puisque nous évoquons les nouvelles stars du piano, je voudrais maintenant citer Daniil Trifonov, qui n'est pas le moins talentueux d'entre eux… Lui avait été formé en Russie.
Oui[1]. Je l'ai vu une première fois en Israël, avec Avi Shoshani, après qu'il a gagné le premier prix du Concours Rubinstein, en 2011. Avi lui a dit : "Si tu as des questions concernant ta carrière, tourne-toi vers Martin, tu peux lui faire confiance et il connaît tout le monde…" Le contact était établi ! Je l'ai revu en Russie, au Concours Tchaïkovski. Moi, j'étais dans le jury du violon dans la petite salle du Conservatoire de Moscou. Daniil jouait dans la grande salle pour les épreuves de piano, juste à côté. Je l'ai vu, mais je n'ai pu vraiment m'intéresser à lui qu'après qu'il a accédé aux phases finales. Je

1. À l'académie de musique Gnessine de Moscou.

l'ai alors écouté attentivement et il ne faisait aucun doute que ce que j'entendais là était simplement extraordinaire. Après avoir gagné le grand prix, sa carrière a décollé à une vitesse que l'on ne connaît généralement plus de nos jours. À cette époque, Daniil avait un agent italien du nom de Luca Nicolli. Luca avait découvert Daniil à l'âge de quinze ans et avait commencé à travailler pour lui. Après le Concours Rubinstein et le Concours Tchaïkovski, remportés par Daniil, et le Concours Chopin où il avait eu le troisième prix, Luca était clairement débordé et avait besoin de conseils. Nous nous voyions souvent, Luca, Daniil et moi. En janvier 2012, j'ai joint Deutsche Grammophon, insistant auprès de Ute Fesquet, la responsable artistique à l'époque, pour signer Daniil. J'ai reçu une réponse négative. Pendant l'été 2012, Daniil a joué un récital et le *Concerto nº 2* de Chopin avec le Verbier Festival Chamber Orchestra dirigé par Masaaki Suzuki. Une interprétation exceptionnelle. Daniil était définitivement adopté par le public de Verbier. J'ai rappelé Ute Fesquet pour lui expliquer qu'elle était en train de rater une rare opportunité si elle ne réagissait pas immédiatement. Deux jours plus tard, elle m'apprenait que DG avait décidé de le signer. Son premier album était un récital enregistré au Carnegie Hall, un privilège précédemment accordé à quelques rares pianistes comme Mikhail Pletnev ou Lang Lang.

En septembre 2014, Luca Nicolli a subitement décidé de changer de profession et a disparu de la vie de Daniil. Il a donc dû chercher un nouvel agent et a signé avec Opus 3. Sa vie professionnelle est devenue mieux organisée, ce qui lui a permis de se concentrer sur l'acquisition de nouveau répertoire et la composition. Une très bonne chose. Il est devenu un hôte régulier du festival, avec trois ou quatre concerts chaque année. Daniil est un artiste qui dit rarement non quand je lui propose un programme nouveau. Toujours curieux et intéressé par la découverte. Nous avons aussi donné ses propres œuvres, son *Concerto pour piano* (2016) et son *Quintette* (2018), dans une relation d'échange artistique très appréciable.

En 2017, Daniil m'a invité à son mariage avec sa femme Judith Ramirez en République dominicaine. C'était vraiment un beau mariage, sur cette île où Judith est née et que je ne connaissais pas. J'avais rencontré Judith deux ans auparavant et m'étais vraiment réjoui que Daniil ait rencontré une telle personnalité, qui lui apporte la stabilité dont il avait besoin.

Comment le définir comme pianiste ?
Je dirais que c'est avant tout un artiste en train de créer. Lorsqu'il entre sur scène, plus rien d'autre n'existe. Il y a lui, le piano et le public. Ainsi, il ne fait jamais deux fois la même chose. D'un soir à l'autre, cela change. Le même concerto avec Noseda, Harding ou Gergiev ne donnera pas le même résultat. Pourquoi ? Parce qu'il écoute, s'adapte et invente. C'est ainsi qu'il n'est jamais ennuyeux, ni pédant. Il a très vite atteint une grande maturité professionnelle car Gergiev, avec qui il a tant joué, l'a tout de suite mis à rude épreuve après le Concours Tchaïkovski : il a dû apprendre vite des œuvres difficiles, monter sur scène parfois sans répétitions. C'était sans doute cruel, mais Daniil est devenu adulte rapidement à cause de cela. Il a eu beaucoup de chance d'avoir Gergiev ainsi que son merveilleux professeur Sergei Babayan pour l'accompagner depuis ses débuts. Aujourd'hui, il est comme un gamin, brillant, drôle et facétieux, avec une vieille âme.

Parlez-nous d'un autre pianiste révélé au Concours Tchaïkovski, lors de l'édition 2015, le Français Lucas Debargue.
Sans prétention de ma part, j'ai envie de dire que si j'avais été pianiste, j'aurais été comme lui. J'aurais aimé en tout cas. J'apprécie tellement sa curiosité ! Il pense, il réfléchit, il lit, il explore et il joue, sans créer de barrière avec le public. Il est très sympathique, mais jamais lèche-botte comme certains. Il suit son propre chemin, ce qui est rare et que j'admire beaucoup. Il a le don d'introduire les émotions dans l'architecture des œuvres ; il est sensible, mais ne se laisse jamais aller. Lucas est lui aussi un créateur, un compositeur qui a joué plusieurs de ses œuvres à Verbier.

Oui, il semble hors du temps, à la fois dans le présent, dans le passé et dans l'avenir…
C'est cela. Et je me sens un peu comme ça moi aussi. Si je pense à lui, je peux très bien l'imaginer, par exemple, sur un banc, discutant avec Rachmaninov dans sa datcha. Ou chez Tolstoï… ! En résumé, il a su préserver sa personnalité dans un monde de plus en plus homogène et aseptisé. Au Concours Tchaïkovski 2015, nous avions estimé, dans le jury, qu'il avait indéniablement quelque chose à dire. Mais nous n'étions pas sûrs qu'il puisse développer les moyens de l'exprimer. Je me rappelle qu'à ce moment-là, il n'avait

encore jamais joué avec un orchestre, par exemple ! Bref, nous n'étions pas fixés sur le cas Debargue. Aujourd'hui je le suis, et entendre les propositions d'interprétation de Lucas, les confronter à celles des autres grands pianistes de Verbier, est l'une des joies du festival. En écoutant tous ces artistes du plus haut niveau, le public ne peut que s'élever, grandir. Moi aussi d'ailleurs.

Une autre histoire avec un pianiste français : Julien Quentin…
Oui ! Il a été notre invité annuel ces quinze dernières années. C'est mon fils Sebastian qui m'en a parlé la première fois. Il l'avait rencontré à une soirée et m'a demandé s'il pouvait l'inviter chez nous pendant une semaine lors du festival. J'ai dit "OK" en principe, à la condition qu'il participe à la vie de famille et qu'il cuisine le déjeuner chaque jour. Nous vivions avec Sebastian, Jennie, ma mère Inge, Blythe, moi et désormais Julien. Il était un excellent cuisinier et notre amitié a débuté ainsi. Il a probablement donné plus de concerts à Verbier que tout autre pianiste, étant un partenaire très apprécié et attentif en musique de chambre.

Plus récemment encore, le Japonais Mao Fujita est entré dans votre grande famille de pianistes.
En effet. Il est extrêmement talentueux, un des plus grands pianistes à avoir émergé ces dernières années. Je l'ai rencontré la première fois à Vevey, alors qu'il participait au Concours Clara Haskil. Je l'avais déjà entendu avant la finale et suis allé lui parler. Je lui ai proposé de venir assister à l'Académie de Verbier l'année suivante. Il a répondu "avec plaisir" et y a passé l'été 2018. En 2019, il a remporté le deuxième prix du Concours Tchaïkovski. Je l'ai pris sous mon aile et l'ai aidé à trouver un agent de première classe en la personne de Stephen Lumsden. Étrangement, Deutsche Grammophon n'a pas cru en lui. Sony l'a signé et a publié une intégrale des sonates de Mozart. Il les avait jouées en cinq récitals à Verbier en 2021. Même si le Covid a mis de sérieuses barrières à ses débuts, il a développé des bases très solides pour une grande carrière.

D'où vient votre attachement si fort aux jeunes artistes et aux concours ?
J'ai compté le nombre de concours de musique auxquels j'ai participé au cours des années : quarante-six. Juger de jeunes musiciens est quelque chose

qui me passionne. Qu'est-ce que le talent pur et qu'est-ce que l'apprentissage "mécanique" ? Il y a ces jeunes musiciens que l'on croise par hasard et que l'on sent vraiment touchés par la grâce. Il y a ce Concours Grand Piano à Astana, au Kazakhstan, créé par Denis Matsuev et auquel je suis allé plusieurs fois. Trois niveaux de pianistes : jusqu'à dix ans, onze à quatorze ans et quinze à dix-huit ans. Pour moi le milieu (onze-quatorze) était le plus intéressant puisqu'il montre ce que quelqu'un avec un grand talent peut exprimer sans avoir été trop influencé par l'extérieur. C'est là que j'ai entendu pour la première fois de jeunes pianistes exceptionnels comme Alexandra Dovgan, Alexander Malofeev ou Roman Borisov.

À la Verbier Academy nous avons ensuite créé un programme avec l'acteur et coach Tim Carroll sur le thème "comment marquer les esprits". Il s'articule autour de la part psychologique d'un musicien à son entrée en scène. Quand commence la représentation proprement dite ? Quand tu montes sur scène ? Quand tu commences à jouer ? Ou plus tôt ?

Nous avons parlé des pianistes. Quid des chefs d'orchestre ?
Dans les premières décennies du festival, l'âge moyen de nos chefs d'orchestre était assez élevé. Nous avons eu Kurt Sanderling, Kurt Masur, Yuri Temirkanov, Herbert Blomstedt, Zubin Mehta, Mstislav Rostropovitch, Wolfgang Sawallisch, Christoph von Dohnányi, Jesús López Cobos, Charles Dutoit, Rafael Frühbeck de Burgos, James Levine et bien d'autres. Selon moi, rien ne remplace le savoir-faire d'un *Kapellmeister* expérimenté pour la transmission aux jeunes musiciens. À Verbier, il était donc inconcevable que des chefs d'orchestre plus jeunes et moins expérimentés apprennent à jouer à de jeunes musiciens d'orchestre. Je crois que les plus jeunes que nous avions au début étaient Daniel Harding et Antonio Pappano, mais ils étaient des exceptions. Je reste convaincu que l'expérience acquise devant un orchestre est quelque chose que vous ne pouvez pas acquérir ailleurs. Avec le temps, Avi et moi avons commencé à nous intéresser aux chefs "d'âge moyen" comme Valery Gergiev, Michael Tilson Thomas, Manfred Honeck, Paavo Järvi et Gianandrea Noseda, qui sont devenus des habitués du Verbier Festival Orchestra. La relation a été différente entre ces chefs et les musiciens de l'orchestre. Plus détendue, en un sens.

Quels sont les chefs plus jeunes sur lesquels vous misez désormais ?
Depuis quelques années, j'ai créé une relation étroite avec deux jeunes chefs extraordinaires : Klaus Mäkelä et Lahav Shani. Tous deux sont très charismatiques, tous deux aiment se produire en musique de chambre au festival (Klaus au violoncelle et Lahav au piano) et tous deux sont des chefs d'orchestre hors pair. De jeunes artistes qui semblent être nés chefs d'orchestre. Ils se sont complètement intégrés à la jeune communauté du Verbier Festival et ont conquis tout le monde. Grâce à eux, j'ai maintenant changé mon point de vue sur les chefs d'orchestre, qui devaient être "vieux" pour construire une symphonie. J'ai toujours, en revanche, une réticence à l'égard des femmes chefs d'orchestre, une situation que je regrette et que je dois gérer avec moi-même. Peut-être la raison de ma réticence est-elle que je n'ai pas encore entendu une symphonie exceptionnelle de Brahms ou de Beethoven par une femme chef d'orchestre.

J'ai une anecdote à ce sujet. Durant mes années chez DG, j'étais le producteur exécutif d'Anne-Sophie Mutter. L'un de ses projets, qui avait été discuté avant mon arrivée, était d'enregistrer les concertos pour violon de Mozart avec l'Orchestre philharmonique de Vienne. Des concerts ont été organisés à Salzbourg et, quand je suis arrivé chez DG, on m'a demandé de trouver une période pour l'enregistrement en studio. Les problèmes ont commencé lorsque l'Orchestre philharmonique de Vienne et Anne-Sophie ont demandé des royalties supplémentaires en raison du fait qu'il n'y avait pas de chef d'orchestre impliqué. Ces discussions ont ensuite conduit à un problème plus important qui était la question des responsabilités d'Anne-Sophie et de comment elles devaient être inscrites sur la pochette de l'album. En allemand, c'était assez simple ; *"Leitung und Violine"*, mais l'anglais *"Direction and violin"* sonnait maladroit. Lors de ma rencontre avec le *Vorstand* (le conseil d'administration) du Philharmonique de Vienne, il était clair qu'une femme chef d'orchestre n'était pas acceptée. En plus de cela, c'était le *Konzertmeister* qui fixait le tempo et non Mme Mutter. L'argument du *Vorstand* était en outre que le tempo ne pouvait pas être "fixé par une épaule". J'ai fait de mon mieux pour résoudre le problème, car je pensais honnêtement que musicalement, cela aurait été un enregistrement merveilleux. J'ai réussi à organiser un dîner avec le *Vorstand* du Philharmonique, Anne-Sophie (et son époux André Previn) et moi-même pour discuter des dates et de l'enregistrement. Tout avait l'air bien car nous avons trouvé des dates disponibles deux mois plus tard. Nous nous sommes quittés en pensant que nous avions un accord gravé dans le marbre, mais deux jours plus tard, j'ai reçu un message du *Vorstand* : ces dates n'étaient pas possibles. Le Philharmonique de Vienne était en tournée en Asie à cette époque et apparemment il y avait une règle selon laquelle l'orchestre ne pouvait pas faire d'enregistrement à Vienne en même temps qu'une tournée. Il y a bien sûr une certaine logique à cela, mais nous avons tous été surpris que le *Vorstand* ne soit pas mieux informé... Finalement, l'enregistrement avec les concertos de Mozart a été réalisé plus tard avec le London Philharmonic Orchestra.

Pendant la déjà longue vie du Verbier Festival, vous n'avez jamais invité de trio ou de quatuor avec piano permanent. Pourquoi ?
Les seules exceptions étaient les quatuors à cordes qui sont notoirement difficiles à assembler et nécessitent des années de réglage fin avant d'obtenir un bon résultat. Jouer de la musique de chambre autour d'un piano ou d'un instrument à vent est plus facile à monter avec peu de préparation tant que les musiciens sont d'un certain niveau. Je n'ai jamais invité le Beaux Arts Trio avec son légendaire fondateur Menahem Pressler à Verbier, jusqu'au jour où le trio a cessé d'exister en 2008. J'ai alors pris contact avec Menahem et l'ai invité à Verbier en 2009. Pour enseigner, mais aussi pour jouer de la musique de chambre avec "nos" musiciens. La relation entre nous s'est transformée en quelque chose de spécial qui s'est poursuivi année après année jusqu'en 2019. Menahem a été un ajout majeur pour notre communauté artistique. En 2011, je lui ai demandé s'il avait déjà joué un cycle de lieder. À mon grand étonnement, il n'avait jamais été sur scène avec un chanteur. Je lui ai alors proposé de faire le *Winterreise* de Schubert l'année suivante avec le merveilleux chanteur de lied allemand Christoph Prégardien. Menahem n'arrêtait pas de me remercier pour cette opportunité. Interpréter cette musique divine pour la première fois à son âge avancé a été pour lui un véritable cadeau. Ils se sont produits une douzaine de fois ensemble en Europe et aux États-Unis après le récital de Verbier.

Tous les artistes liés à Verbier ont été beaucoup vus sur internet. Comment et pourquoi le festival a-t-il été l'un des pionniers du streaming ?
Pendant l'hiver 2007, j'ai été approché par Stephen Wright, que je connaissais depuis les années 1970 comme agent d'artistes et consultant. Il m'a parlé d'une nouvelle boîte qui avait comme projet de diffuser des concerts en direct sur internet. Ma première réaction a été : "*Des* concerts ? Pourquoi pas *tous les concerts* ?" Si Medici – c'était le nom du site en question – était prêt à venir à Verbier avec toute son équipe et son équipement, autant en profiter sur toute la durée. Stephen est donc revenu vers le fondateur et directeur de Medici, Hervé Boissière, avec mes remarques, en lui demandant ce qu'il serait possible de faire. Nous ne pouvions alors imaginer que Medici.tv allait devenir le leader mondial du secteur de la musique classique en streaming. Et que le modèle que nous avions imaginé allait devenir celui de tous les autres festivals. Nous avons plus d'un million de spectateurs virtuels chaque été grâce à Medici. Même le récital d'un jeune pianiste inconnu trouve une audience mondiale par ce biais. La créativité et la vision d'Hervé, combinées à la qualité artistique du Verbier Festival et à nos différents réseaux, ont donné un résultat unique. C'est devenu le festival le plus médiatisé du monde. J'ai été très heureux de pouvoir présenter Hervé à Valery Gergiev avec pour but de diffuser sur Medici les épreuves et les finales du Concours Tchaïkovski à un public qui ne s'était jamais rendu à un concours, du début à la fin.

Au fil des ans, la nécessité du mécénat est devenue de plus en plus forte pour le festival. Comment avez-vous abordé cette question ?
Au fil des années, le budget a augmenté et les besoins de financements supplémentaires sont devenus encore plus évidents. J'ai aussi remarqué qu'il devenait de plus en plus difficile pour les entreprises de sponsoriser des événements culturels. Ces initiatives ne provenaient presque jamais du service marketing. Il fallait que le PDG ait un faible pour la musique classique et une conviction personnelle vis-à-vis de ce que je faisais – et qu'il ait la force de défendre sa décision en interne – comme Helmut Maucher de Nestlé durant les premières années du festival. J'ai régulièrement croisé le chemin d'Ingvar Kamprad, le fondateur d'Ikea, qui n'habitait pas très loin de chez moi. Nous sommes tous deux suédois et avons eu ensemble quelques

courtes conversations. Une fois, je lui ai écrit une lettre personnelle à son domicile pour lui demander son soutien. J'ai reçu une réponse de sa part, écrite à la main sur du papier à en-tête normal, disant que bien qu'il reconnaisse ce que j'avais créé, il n'appréciait pas la musique classique et n'avait pas l'intention de donner de l'argent.

Que s'est-il passé en trente ans ?
L'argent doit être collecté différemment aujourd'hui. Le nombre de fondations a augmenté rapidement. Des individus ou des familles disposant d'une certaine fortune créent leur propre fondation pour canaliser leurs dons caritatifs. Ces fondations ne sont jamais rendues publiques, vous devez donc passer beaucoup de temps à identifier celles dont le but est de promouvoir l'éducation ou la musique classique ou les deux. Et une fois que vous les avez identifiées, vous devez voir qui sont les membres de leur conseil d'administration. Très probablement, vous ne connaissez personne au sein de leur conseil d'administration, vous devez donc vous lancer dans la paperasse.

Il y a quelques années, je faisais ce que je fais toujours plusieurs fois par an : parcourir les pages sponsoring de mes principaux concurrents. Je suis tombé plusieurs fois sur le nom d'Aline Foriel-Destezet. Après quelques semaines de travail de détective sérieux, j'ai finalement réussi à localiser son bureau et je lui ai écrit. Pour faire court, elle est aujourd'hui ma principale bienfaitrice. Ou, comme je l'appelle, "mon ange". C'est une femme d'affaires prospère qui dépense maintenant une partie de sa fortune pour soutenir les institutions culturelles auxquelles elle croit. Non seulement elle fait des dons, mais elle est également présente chaque été et très active. En d'autres termes, je ne saurais pas quoi faire sans elle.

Où en est le Verbier Festival Junior Orchestra ?
En 2011, j'ai suggéré au conseil de lancer un orchestre pour les plus jeunes. Nous avions déjà bien développé le Verbier Festival Orchestra pour les dix-huit à vingt-neuf ans, dont l'orchestre de chambre est une émanation. Il manquait la tranche d'âge de quinze à dix-huit ans. Après deux années de discussions et de réunions, nous avons finalement décidé (l'argument principal contre cette idée était la responsabilité du *board* vis-à-vis de mineurs)

d'avancer et de créer le Verbier Festival Junior Orchestra. Daniel Harding avait exprimé son intérêt pour cette nouvelle initiative et en est devenu le directeur musical lors de son premier déploiement en juillet 2013. Ce fut un grand succès et, à la demande de Daniel Harding, la première partie du temps de préparation a été dévolue à des jeux de groupe. Rien à voir avec la musique, mais le but était de créer une équipe et que tout le monde apprenne à se connaître. Nous avions vingt-trois nationalités – et certains ne parlaient pas anglais. Daniel a été absolument génial pour aider ces jeunes à grandir. Notre Junior Orchestra existe toujours, avec James Gaffigan à sa tête. Nous nous sentons tous très fiers de cet orchestre.

Est-ce la même chose de programmer un festival d'été aujourd'hui qu'à vos débuts ?
Non, c'est bien différent. Les gens ont moins de patience aujourd'hui. La durée d'attention s'est raccourcie : le public a besoin de diversité et de changements dans la présentation d'un programme. Les concerts de deux heures sont trop longs pour beaucoup ; ils ne peuvent pas rester assis ou se concentrer. Mon problème est que j'ai vécu à deux époques. Dans la première, la musique classique faisait partie du patrimoine commun. Elle signifiait quelque chose pour des générations de mélomanes. Le public était connaisseur et les artistes étaient estimés. Aller à un concert était un rituel. Maintenant, la musique classique est devenue plus ou moins hors de propos pour une génération qui a d'autres types de musique à écouter. Et qui a un accès si facile à cette musique. Vous pouvez même écouter des playlists avec un mouvement de tel compositeur et un autre mouvement d'un autre compositeur. Vous restez chez vous en écoutant avec vos écouteurs tout en cuisinant ou en jardinant.

Personnellement, j'ai un problème lié à ce genre d'écoute facile. J'ai peut-être grandi avec trop de respect pour l'œuvre d'art que les compositeurs avaient créée. Et l'interprète qui a probablement commencé à pratiquer à l'âge de quatre ou cinq ans et a troqué les activités ludiques de son enfance contre un instrument auquel il devait faire face plusieurs heures par jour. Pour moi, cela signifie quelque chose et même si je ne peux pas être d'accord avec telle ou telle interprétation, j'ai un profond respect pour l'engagement de tout artiste classique qui monte sur scène et veut nous montrer ce qu'il pense que le compositeur avait en tête lorsqu'il a composé telle ou telle pièce particulière. Mais j'ai aussi de moins en moins de patience avec les "faux" artistes, même si je sais que le public en aime certains. Bien sûr, je comprends que les temps changent. Même Beethoven l'a dit à son époque, se plaignant également du trop grand nombre de personnes aux cheveux gris qui écoutaient sa musique. Le changement est toujours rafraîchissant. Cependant la qualité et l'honnêteté doivent toujours prévaloir.

Comment voyez-vous l'avenir du Verbier Festival ?
Pour affronter l'avenir du Verbier Festival, j'ai une belle équipe autour de moi, avec Câline Yamakawa, mon amie et excellente COO (Chief Operating Officer) du festival qui a travaillé avec moi à différents postes au cours des quinze dernières années ; Manuel Lopez, mon merveilleux assistant, indépendant et proactif, qui est également à mes côtés depuis dix ans ; Sam Goldscheider, qui gère les deux cents musiciens des différents orchestres avec beaucoup de sensibilité et de professionnalisme, et John Helyar, qui est responsable – avec Blythe – des auditions d'orchestre et s'assure que nous avons les "bons" musiciens avec nous chaque été. Il gère en outre nos archives. Mais aussi Stephen McHolm, notre directeur d'académie, entre autres choses. Stephen est devenu un collaborateur indispensable sur de nombreux sujets.

Au moment où nous menons à bien ces entretiens, arrivent les trente ans du festival. Ce sera un tournant. Nous ne pouvons pas continuer indéfiniment à présenter des concerts dans une église démodée et inconfortable – même si l'acoustique y est très bonne. De même, nous ne pouvons pas nous permettre de continuer à organiser une des meilleures académies d'été du monde dans différents garages, salles de stockage ou restaurants… Alors que le festival a su évoluer au fil du temps, la commune doit désormais décider de son avenir. Construire pour nous une salle de sept cents à sept cent cinquante places ou bien maintenir le statu quo. Ce dernier choix mènerait forcément à un déclin du festival tel qu'il existe aujourd'hui, une fois son fondateur disparu. C'est donc maintenant ou jamais.

Depuis 1993, l'imperfection des différents lieux de Verbier fait partie de l'identité du festival. Nous avons eu l'église depuis le départ, avec tous ses défauts. Le gymnase était disponible, mais impossible à utiliser convenablement. Grâce aux conseils d'Erick Sez, notre directeur technique, nous avons donc eu l'idée de la tente, puis de la salle des Combins, avec ses murs de huit centimètres. Une nouvelle salle qui serait la meilleure salle du monde à mille cinq cents mètres d'altitude ! Ou au moins d'Europe, puisque les Américains et les Japonais ont déjà construit de belles salles en montagne. Nous y donnerons des récitals, de la musique de chambre, les opéras de Mozart. Et on y accueillera certainement un grand programme éducatif. Lancer un tel projet demandera un certain courage politique. C'est aussi une sorte de nécessité, à mon avis, afin de diversifier l'économie entre les différentes saisons de Verbier, en prenant en compte l'évolution climatique. Depuis la crise du Covid en 2020, la population a augmenté à Verbier. Des écoles privées ont été construites et la commune travaille dur pour que la vie à Verbier soit une expérience positive toute l'année. Mais les gens ont également besoin de culture.

Comment les attirer à Verbier, et y maintenir actives toutes les infrastructures ? Dans cette réflexion, une nouvelle salle de musique classique, ouverte pendant l'année à d'autres activités, serait sans doute très attractive. Avec mon respecté et très avisé président du conseil Peter Brabeck-Letmathe et deux membres du conseil Julien Schönlaub et François Reyl, nous avons, de concert avec le président de la commune Christophe Maret, commencé à exercer une pression sur les élus de la commune afin de décider si une salle de concert devait être construite. Nous en parlons depuis des décennies, mais nous pensons tous que c'est maintenant ou jamais. On parle donc, je le répète, d'un centre culturel avec une salle de concert de sept cents à sept cent cinquante places qui remplacerait l'église. Et nous garderons toujours les Combins pour le festival.

Mais plus important encore que les questions matérielles : la relation entre le management et les artistes, et l'importance de maintenir ces relations. Pas uniquement l'atmosphère amicale et chaleureuse. Je pense à la véracité et à l'honnêteté de la relation artistique. Un rapport de confiance prend des années à se construire. Il peut en outre disparaître très vite. Je suis très conscient de ma position d'"ami" de toute cette famille d'artistes, et je n'ai jamais pris cette confiance pour quelque chose d'acquis.

Peut-être que ce dernier chapitre concernant les relations avec les artistes sera mieux géré par Blythe après moi. Elle est sensible, bien informée et populaire parmi les artistes. L'important est de savoir qu'il y a deux types d'artistes, ceux qui prennent et ceux qui donnent. Dans un cadre intime, vous voulez vraiment avoir autour de vous des personnes qui donnent.

CARLOS KLEIBER

Je veux absolument évoquer ici la figure de Carlos Kleiber, mais par où débuter ? Le chemin qui m'a conduit à lui est si long et escarpé ! Essayons. Cela débute au moment de ma nomination chez Deutsche Grammophon. Comme tous mes prédécesseurs – et je dois dire qu'il y en avait eu plusieurs en peu de temps avant moi –, j'ai cherché à entrer en contact avec Carlos Kleiber. J'ai donc écrit une lettre à l'automne 1999. Elle m'a été retournée, avec, écrit de la main de Kleiber sur l'enveloppe : "Pas intéressé". Il n'avait même pas ouvert l'enveloppe. Une deuxième lettre fut envoyée, et ouverte. Elle a été renvoyée, avec écrit "PAS INTÉRESSÉ", en lettres capitales cette fois. Ma lettre suivante lui indiquait que j'avais une proposition qui pouvait l'intéresser et que je suggérais d'en discuter en tête à tête. La lettre fut à nouveau renvoyée, et à nouveau annotée directement sur l'enveloppe : Kleiber disait qu'il n'était pas intéressé par un rendez-vous avec moi, et que si j'avais quelque chose à dire, eh bien, il me suffisait de l'écrire…

Ma lettre suivante était donc plus précise. Elle faisait référence à un enregistrement d'*Otello* de Verdi réalisé quelques années auparavant à la Scala de Milan et jamais publié. Il avait refusé de valider la bande envoyée par Deutsche Grammophon à l'époque. Chris Alder, l'excellent producteur qui avait suivi tout cela, m'avait expliqué que nous pourrions travailler la bande avant de lui envoyer à nouveau, si toutefois Kleiber était d'accord pour que nous nous lancions dans ce processus : refaire un *mastering* était long et coûteux. Je reçus une réponse immédiate à ma demande. Elle figurait sur une carte postale représentant deux ours polaires, assis sur les pattes arrière, l'un criant sur l'autre. Le texte mentionnait cinq avocats travaillant pour le chef, dont un apparemment plus vicieux que les autres… Si l'idée me venait d'envisager la parution de l'enregistrement d'*Otello*, l'un d'eux (ou même les cinq) me contacterait. Son principal problème avec cet enregistrement était la tonalité. Il s'était persuadé que tout était faux, d'un demi-ton trop haut ou trop bas. Cela n'était pas clair, mais il pensait qu'il y avait quelque chose qui ne fonctionnait pas. Et cela n'avait rien à voir avec la qualité de l'interprétation ou avec les chanteurs. Il y a eu plusieurs allers-retours à ce sujet, mais il n'en démordait pas. Il répondait avec politesse et fermeté.

Le 18 septembre 2000, je lui ai écrit de nouveau pour lui dire que j'avais à lui parler directement d'un projet – et qu'il m'était impossible de simplement lui écrire à ce sujet. Très rapidement, je recevais la réponse suivante : "Vous avez réagi si gentiment et avec tant d'esprit à mes deux ours polaires que j'ai bien été obligé de me demander : « Que diable fait-il dans cette DG-galère ? »" Kleiber me donnait une date – le 13 octobre 2000 – pour un déjeuner au Forsthaus Wörnbrunn à Grünwald au sud de Munich, en Allemagne. Il voulait m'inviter, ce qu'il fit. Nous sommes arrivés en même temps au parking et il m'a immédiatement demandé : "Mais que voulez-vous ?" Je lui ai répondu que nous devions d'abord nous asseoir et bavarder un peu avant que j'en vienne à mes demandes… Nous avons donc pris une table, et il m'a lancé : "Mais que voulez-vous ? – Commandons d'abord quelque chose", ai-je alors répondu. Nous avons donc commandé à boire, puis une entrée, car ainsi j'espérais que le déjeuner dure plus longtemps. Il voulait une bière, qu'il souhaitait boire avec son schnaps favori, l'Enzian. Je le suivais dans son choix, en précisant que je lui parlerais de la raison de notre rendez-vous après avoir bu le schnaps. Lorsque nous avons lancé nos premiers *"Zum Wohl"*, je lui ai raconté que j'avais pris mes fonctions chez DG un an auparavant, en octobre 1999, et que j'avais découvert qu'il y avait un coffre dans mon bureau. Je lui dis aussi que j'avais eu l'espoir de rencontrer un jour Carlos Kleiber et que suite à cela je pensais commencer à remplir le coffre avec de l'argent… Ses yeux se sont immédiatement mis à briller et il a demandé : "Combien ?" Lorsque je précisais un montant, il s'est mis à sourire. Cette petite introduction avait détendu l'atmosphère. Dès lors, nous avons pu avoir une conversation "normale".

Il était facile de converser avec lui. Il avait les pieds sur terre, était bien informé, curieux de nombreux sujets.

À partir de là, nous nous sommes vus souvent. À l'un des nombreux déjeuners qui ont suivi, Kleiber m'a parlé du fameux concert qu'il avait donné à l'usine Audi à Ingolstadt, également en Bavière, au nord de Munich. Ils lui avaient demandé de venir y diriger, mais il ne voulait pas d'un cachet habituel, dont 50 % partirait aux impôts. À la place, Kleiber leur avait demandé une A8 avec toutes les options. Le concert a eu lieu et il a obtenu sa voiture. L'année suivante, il a reçu une lettre des autorités fiscales, lui demandant pourquoi il n'avait pas déclaré ce cadeau, alors qu'il y avait d'importantes taxes à payer… Kleiber m'a expliqué qu'il avait transmis la lettre aux gens d'Audi, leur demandant de payer pour lui. Cependant, un peu plus tard, il a reçu une nouvelle demande des autorités fiscales : il restait une certaine somme à payer. À nouveau, il a écrit à Audi afin qu'ils règlent la note. Selon lui, un cadeau était un cadeau et il était hors de question qu'il paye.

À un moment, on en est venu à parler des instrumentistes en général. Je savais qu'il avait très peu d'expérience avec des pianistes ou des violonistes, et l'enregistrement du *Concerto pour piano* de Dvořák avec Sviatoslav Richter n'était pas une expérience heureuse pour lui. J'ai mentionné deux artistes qui m'étaient proches à l'époque, Anne-Sophie Mutter et Martha Argerich. Sa réaction surprenante fut qu'il ne pouvait pas imaginer monter sur scène avec une soliste féminine. Il ne pouvait pas expliquer pourquoi, mais, esthétiquement, ce n'était pas bien pour lui.

Je me souviens d'une autre rencontre où j'avais apporté le magazine français *Le Monde de la musique*, qui avait fait sa couverture sur lui. Dans ce numéro, il y avait de très nombreuses photographies de lui à différents stades de sa carrière et j'avais naïvement pensé que cela pourrait l'intéresser. J'avais mis le magazine sur le banc, à ma gauche, et, à un moment, il m'a demandé ce que c'était. Quand je le lui ai dit, il m'a immédiatement demandé de le reprendre : "Je ne supporte vraiment pas de voir mon nom imprimé sur papier", a-t-il alors précisé.

Kleiber était curieux de ce qui se passait à Verbier et me demandait des rapports réguliers et détaillés, notamment au sujet de l'orchestre, de sa composition, de son niveau et du répertoire que Jimmy Levine avait choisi de travailler. En 2003, nous avions programmé *Elektra* de Strauss à Verbier et il était piqué, pour ne pas dire plus, par ce choix. Comment cet opéra pouvait se retrouver joué par un orchestre de jeunes là-haut, dans nos montagnes ? Pendant les répétitions, nous avions des échanges quasi quotidiens à ce sujet.

Au fil des années, comme je l'ai déjà dit, j'ai eu de longues conversations avec James Levine. Nous avons parlé de sa relation avec Carlos Kleiber, dont il était devenu proche après ses nombreuses visites au Met[1]. Comme directeur musical du Philharmonique de Munich[2], Levine avait tenté de le voir le plus souvent possible, même si cela n'avait pas été facile. Demandant à Jimmy pourquoi Kleiber avait finalement beaucoup dirigé à New York, il me répondit qu'il avait d'autres raisons que la musique de venir à New York.

Je pense que ce fut lors de notre troisième déjeuner au Forsthaus Wörnbrunn à Grünwald que j'ai osé lui parler de l'éventuelle possibilité de nouveaux enregistrements. Ce sujet était extrêmement sensible avec lui, mais j'estimais avoir alors posé les bases d'une relation de confiance et que je pouvais donc me lancer. Après tout, j'étais le directeur artistique de son label, et DG me payait ces déjeuners avec lui… La discussion a débuté au sujet des orchestres. Je lui ai demandé quelles étaient les phalanges, en dehors des Philharmonique de Vienne, de Berlin et de l'Orchestre d'État de Bavière[3], avec lesquelles il était susceptible de pouvoir travailler. "Aucune", m'a-t-il simplement répondu. C'était les trois qu'il connaissait le mieux. Je lui ai demandé de me parler de ses relations avec les uns et les autres. Il a commencé par le Philharmonique de Vienne[4], m'expliquant que les relations avec eux étaient désastreuses. Il ne voulait plus en entendre parler. Il s'est mis à me citer au moins vingt membres de l'orchestre par leurs noms et leurs titres – qui la plupart du temps étaient inventés. Il trouvait qu'il était

1. Il avait fait ses débuts au Met en 1988, dirigeant une *Bohème* avec Luciano Pavarotti et Mirella Freni.

2. Levine en avait été le directeur musical après la mort de Sergiu Celibidache, de 1999 à 2004.

3. Cette phalange est l'émanation de l'orchestre de l'Opéra de Munich.

4. Kleiber avait enregistré avec eux des symphonies de Beethoven (n° 5 et 7), Schubert (n° 3 et 8) ou Brahms (n° 4) et donné deux concerts du Nouvel An, en 1989 et 1992.

mal compris par le Philharmonique de Vienne. Qu'il avait été malmené et même ridiculisé (il faisait référence à la *Quatrième* de Beethoven[1]). Il était profondément blessé et ne le cachait pas. Il aimait l'Orchestre de l'État de Bavière, mais trouvait qu'il sonnait comme un orchestre de jeunes – nous venions de parler de celui de Verbier – sans en être un. La relation avec eux était facile et agréable et pourtant il n'envisageait pas de nouvel enregistrement[2]. Il était intrigué par le Philharmonique de Berlin. Des trois, c'était celui qu'il connaissait finalement le moins. Je crois me souvenir qu'il avait précisé les avoir dirigés à deux occasions seulement dans sa vie. J'ai dit : "Faisons donc comme si vous alliez enregistrer avec eux. Je vais réserver un engagement avec eux, sans dire jusqu'à la fin le nom du chef d'orchestre. Personne ne saura que c'est vous, et nous demanderons que la Philharmonie soit totalement fermée. Personne ne pourra troubler l'enregistrement, qui restera secret." Il aimait le principe et demanda : "Quelle œuvre aimeriez-vous que je dirige ? – La *Neuvième* de Schubert", répondis-je. Il trouvait l'idée intéressante, bien qu'il avouât n'avoir jamais vraiment travaillé la partition. Il passa en revue les différents mouvements de la symphonie – évidemment, il la connaissait parfaitement – et conclut que nous pouvions considérer cette idée, en effet, et suggéra que lors de notre prochain déjeuner au Forsthaus Wörnbrunn, qui devait avoir lieu environ six mois plus tard, comme toujours, il me donnerait une réponse définitive. Il m'écrivit quelques semaines plus tard une note, précisant qu'il était en train d'écouter la *Neuvième*. Et donc, six mois plus tard, nous nous sommes retrouvés au restaurant habituel. Il était impatient de me donner son verdict, et je lui ai à nouveau demandé de nous asseoir, et de commander quelque chose. Mais il n'a pas attendu que nous soyons assis, et m'a annoncé qu'il n'enregistrerait pas la *Neuvième*. Il ne pouvait pas le faire. Il avait écouté plusieurs fois l'enregistrement de son père[3] et celui de Furtwängler, et il

1. Selon la légende, Kleiber a annulé le concert après la répétition du deuxième mouvement. Il souhaitait que la mélodie fasse "Thérèse Thérèse", alors que les Philharmoniker faisaient selon lui "Marie Marie"...

2. Avec eux, il avait enregistré le *Concerto pour piano* de Dvořák, ainsi que *La Traviata* et *La Chauve-souris*.

3. Le chef d'orchestre autrichien Erich Kleiber (1890-1956), réputé pour son style élégant, sans pathos.

ne pouvait pas faire mieux. Il n'entendait pas mes arguments concernant ces enregistrements, réalisés en mono dans des conditions techniques bien moins bonnes qu'aujourd'hui. Finalement, nous n'avons pas pu enregistrer de disque ensemble.

Sa dernière lettre date du 8 juillet 2004, quelques jours avant sa mort, survenue le 13 juillet. Il écrivit (je laisse l'original, car il est intraduisible) :

Dear Mr Engstroem,

You're the Best! Your letters are the Greatest!

Yes, it was terribly hot last year. I stayed at home, kept (physically) cool, and will do the same this year. At least, that's my non-plan. But, as Robert Burns says: "The best laid schemes o' mice an' men/ Gang aft a-gley. (That you hope I will be OK makes me happy and is a great comfort).

DG sent me the new 5+7 Beethoven I recorded im Jahre Null, and that'll do(!). I hope, with all the Durchenander in the dying classical business, that my son and daughter will get the royalties when I have "bought the farm", "kicked the bucket", "den Löffel abgegeben", oder wie man sonst so sagt, if you know what I mean. They are "babes in the woods", poor things!!

My son went to an open-air Levine concert and was very impressed by Jimmy! He now agrees with Richard Strauss' words: "am besten wird musiziert wenn man einfach ruhig vor sich hin dirigiert" (I should have tried this years ago!).

Dear Mr Engstroem! I wish you great luck and joy with your Orchestra this summer. And, also, great luck and joy ÜBERHAUPT, IMMER!!

Yours ever (and I mean it),

Carlos Kleiber

PS

I'm rather lost without my wife, who was a Samurai, which I am not. Most definitely not. Sorry to say! Was bin ich? Ein Waschlappen.

REMERCIEMENTS

Un chaleureux merci à Bertrand Dermoncourt qui m'a accompagné dans ce parcours passionnant qui revisite ma vie. Ça a été un sacré voyage.

TABLE

OUVRAGE RÉALISÉ
PAR L'ATELIER GRAPHIQUE ACTES SUD
REPRODUIT ET ACHEVÉ D'IMPRIMER
EN AVRIL 2023
PAR L'IMPRIMERIE SEPEC
À PÉRONNAS
POUR LE COMPTE DES ÉDITIONS
ACTES SUD
LE MÉJAN
PLACE NINA-BERBEROVA
13200 ARLES

DÉPÔT LÉGAL
1re ÉDITION : JUIN 2023
N° impr. : 08374231213
(Imprimé en France)

IMPRIM'VERT®